Honorée Corder

Du MUSST dein Buch vermarkten

Steigere deine Wirkung, verkaufe mehr Bücher

und verdiene mehr Geld

Honorée Corder

Du MUSST dein Buch vermarkten

Steigere deine Wirkung, verkaufe mehr Bücher und verdiene mehr Geld

Schneller und einfacher, als du je für möglich gehalten hättest, selbst wenn du keine Plattform, keine Anhänger in den sozialen Medien und keine Mailingliste hast

Aus dem amerikanischen Englisch von Christina Brombach

Mit einem Geleitwort von Dr. Renée Moore

Edition Forsbach

Die amerikanische Originalausgabe erschien 2023 unter dem Titel
„You must market your book“

Bibliografische Information der Deutschen Nationalbibliothek:
Die Deutsche Nationalbibliothek verzeichnet diese Publikation in der Deutschen Nationalbibliografie; detaillierte bibliografische Daten sind im Internet über http://dnb.dnb.de abrufbar

Edition Forsbach
Bücher mit Herz

www.edition-forsbach.de

Coverbild: © Dino Marino
Autorenfoto: © Kelly Rucker

Printed in Germany
ISBN 978-3-95904-241-3 (Print)
ISBN 978-3-95904-242-0 (E-Book)

Inhalt

Eine besondere Einladung

Ich möchte dich persönlich einladen, die Buchmarketingressourcen, die ich in diesem Buch erwähne, einen Beispiel-Buchmarketingplan und noch viel mehr auf meiner Website herunterzuladen.

www.HonoreeCorder.com/MarketingBonuses

Geleitwort von Dr. Renée Moore

Sechs Jahre, nachdem Honorée Corder ihr Buch *Du MUSST ein Buch schreiben* veröffentlicht hat, folgt nun dieses Buch *Du MUSST dein Buch vermarkten. Steigere deine Wirkung, verkaufe mehr Bücher und verdiene mehr Geld*. Denn viele Autoren – Selfpublisher wie auch Verlagsautoren – denken immer noch, dass ihr Buch sich automatisch verkauft, sobald es erschienen ist. Sie glauben, dass ihre Aufgabe erfüllt ist, sobald sie ihr Buch geschrieben und veröffentlicht haben.

Aber viele der neu erschienenen Bücher, insbesondere solche von Erstautoren, werden weniger als 100mal verkauft, und nach drei Monaten spricht niemand mehr davon.

Honorée Corder ist Autorin von mehr als 50 Büchern, Co-Autorin und Managerin mehrerer Bestsellerserien, darunter die *Miracle-Morning*-Serie. Sie hat inzwischen Hunderttausende von Büchern verkauft und ist dabei zu der Gewissheit gekommen: Bücher verkaufen sich nur dann, wenn ihr Autor sich beharrlich und anhaltend darauf konzentriert, sie zu vermarkten.

Denn nicht mit Hadern, Hoffen oder Wünschen, sondern nur mit Biss und Eigeninitiative gelangt man zum Erfolg. Und so zeigt sie einfache Methoden, um mit deinem ersten Buch den Weg bis zu einem Bestseller anzutreten.

Und es lohnt sich so sehr, denn ein Buch ist eine tolle Sache, um deine Glaubwürdigkeit als Experte auf deinem Gebiet exponentiell zu steigern. So zeigt sich der Erfolg des Buchmarketings nicht nur in der großen Anzahl verkaufter Bücher, sondern vor allem auch in der Menge der Aufträge, die du durch dein Buch bekommst.

Denn du hast dein Buch ja geschrieben, um sichtbarer zu werden, mehr Kunden zu finden und damit Geld zu verdienen.

Auch wenn dein Buch nicht mehr nagelneu ist, lohnt es sich, Marketing für das Buch zu machen. Denn es kann auch nach vielen Jahren noch wertvoll und unbezahlbar sein für seine Leser!

Honorée Corder schenkt dir mit ihrem Buch ein Schatzkästchen voller Ideen – beginne einfach mit einer Marketing-Strategie und mach damit weiter, wenn sie erfolgreich ist – oder ändere sie solange, bis du Erfolg damit hast.

Lies dieses Buch bitte *mehrmals* – du baust dir damit eine Grundlage für deinen Erfolg als Schriftsteller und in allen Lebensbereichen, und das für den ganzen Rest deines Lebens.

Ich wünsche dir viel Spaß beim Lesen und großen Erfolg beim Umsetzen!

Deine Renée Moore

***Dr. Renée Moore**, Positionierungs- und Verkaufsexpertin, „Deutschlands führende Motivations-Expertin" (RTL), „The New Global Leader" (Huffington Post) und Autorin der Bestseller „Be Unstoppable in deinem Business!" und „Hour of Power. Das Geheimnis deines Erfolgs im Business"*

www.reneemoore.com

Einführung

Lieber Leser,

willkommen zu *Du MUSST dein Buch vermarkten*, dem Nachfolgeband von *Du MUSST ein Buch schreiben*, das zu dem Zeitpunkt, an dem ich diese Worte schreibe, vor sechs Jahren erschienen ist.

In diesen sechs Jahren ist viel passiert. Nicht nur in meinem Unternehmen, sondern auf der ganzen Welt. Trotzdem hätte das Buch selbst nicht den Eindruck hinterlassen, den es erreicht hat, wenn ich es nicht ständig absichtsvoll *vermarktet* hätte.

Die Wahrheit ist, dass von den meisten Büchern, die erscheinen, nur durchschnittlich 250 Exemplare verkauft werden. Woran liegt das?

Ich glaube, es kommt daher, dass Autoren bestimmte Dinge einfach annehmen:

- *Ihr Buch wird sich wie von Zauberhand automatisch verkaufen, wenn es erst einmal erschienen ist, und*
- *der Verlag wird schon dafür sorgen, dass es sich verkauft (mit noch mehr Magie) und sie selbst müssen nichts dazu tun (oder PR wird ihnen helfen, mehr als genug Exemplare zu verkaufen), und*

- *der schwierige Teil ist geschafft, wenn das Buch erst einmal geschrieben und herausgebracht ist.*

Außerdem herrschen noch ein paar weitere Annahmen, die aber leider alle nicht wahr sind.

Bücher verkaufen sich nur, wenn ihr Autor sich beharrlich und anhaltend darauf konzentriert, sie zu vermarkten.

Wenn du überhaupt einen hast, kannst du die Aufgabe deines Verlages an seinem Namen ablesen – das Buch für dich zu *verlegen*. Stimmt schon, ein Buch zu schreiben kann eine Herausforderung sein, und wenn ein Buch professionell verlegt wird, ist das eine wichtige Grundlage für gute Erfolgschancen.

Aber wenn du dann endlich dein Buch in Händen hältst, beginnt der spaßige Teil erst! Ja, und damit meine ich wirklich Spaß. Buchmarketing kann wahnsinnig viel Freude machen. Weiter hinten im Buch erkläre ich dir, wie und warum.

Die gute Nachricht ist, dass deinem Buch kein Schattendasein bestimmt sein muss – stattdessen kann es sich bis in alle Ecken und Enden der Welt ausbreiten und Verbindungen erschaffen, die du sonst niemals bekommen hättest. Es kann dir und deinem Business haufenweise Einnahmen bescheren, aber auch darüber hinaus kann es dir ungeahnte Chancen und Vorteile verschaffen.

Es ist zwar unmöglich, vorherzusagen, was für tolle Dinge dir geschehen werden, aber bitte lass mich kurz erzählen, was mir passiert ist, seit ich im Oktober 2016 *Du MUSST ein Buch schreiben* herausgebracht habe:

- *(Du kannst das gerne als Vorhersage für dein eigenes Buch lesen. Die Möglichkeiten sind endlos! Du kannst das auch!) Ich habe innerhalb von wenigen Monaten nach Erscheinen des Buches 50.000 Exemplare davon verkauft.*

Dazu muss ich sagen, dass ich einen gewissen Vorsprung hatte. Amazon hat mich im Sommer 2016 zu einem Medienfrühstück in New York eingeladen, bei dem die Vorzüge der KDP-Plattform den Medien vorgestellt und angehenden Autoren geholfen wurde, sie zu entdecken und optimal zu nutzen.

Leider wurde das Frühstück in letzter Sekunde verschoben. Ich war natürlich enttäuscht. Eigentlich sollte dort mein damals aktuelles Buch, *The Divorced Phoenix: Rising from the Ashes of a Broken Marriage,* beworben werden.

Ich war zwar begeistert von der Vorstellung gewesen, die ganze Macht von Amazon hinter meinem Buch – egal welchem – zu wissen, aber ich bin eigentlich keine Scheidungsexpertin. Wenn dieses Buch besonders präsentiert würde, wäre das zwar toll für seine Verkäufe, aber langfristig nicht unbedingt hilfreich, da mein Fokus darauf liegt, Bücher zu schreiben und zu veröffentlichen.

Deshalb wünschte ich mir die ganze Zeit, während ich mich auf New York vorbereitete, ich hätte ein „besseres" Buch für das Event. Ich hatte schon lange darüber nachgedacht, ein Buch darüber zu schreiben, wie man ein Buch schreibt, aber viel Zeit hatte ich zu diesem Zeitpunkt nicht mehr. Als das Frühstück dann aber verschoben wurde, fragte ich an, ob ein solches Buch gut ankommen könnte. Die Antwort war ein lautes „Ja!".

Mit weniger als 90 Tagen Zeit bis zu dem Event im Oktober machte ich mich an die Arbeit und schrieb *Du MUSST ein Buch schreiben.*

Außerdem fing ich an, die Werkzeuge zu nutzen, die ich in diesem Buch mit dir teile.

> Nachdem mein Advanced Reader Team stand, brachte ich das Buch heraus und wurde innerhalb von 30 Tagen in Fortune Business (online), der Huffington Post und Dutzenden von Podcasts gefeaturet.
>
> Bis Weihnachten hatte ich Interviews in über 100 Podcasts gegeben, Tausende von E-Mails verschickt (um meine Mailingliste auszubauen) und über 250 Exemplare signiert und an ehemalige, aktuelle und potenzielle Klienten verschickt. Ich hatte das Buch für Werbeaktionen im Preis gesenkt und die Vorzüge der Tatsache genutzt, dass ich im KDP-Select-Programm war. Dass mein Buch 99 Cent kostete, im Zusammenspiel mit BookBub, sorgte für traumhafte Verkaufszahlen. Ich tat alles, was mir einfiel, um das Buch zu vermarkten. Im Frühjahr 2017 hatte ich über 50.000 Exemplare des Buches in all seinen Versionen verkauft.

Und meine gar nicht so geheimen Strategien, die dazu geführt haben, teile ich in diesem Buch mit dir.

- *Nach dieser Aufregung hagelte es sofort Anfragen nach einem Arbeitsbuch, das angehenden Autoren helfen würde, ihre Buchprojekte zu managen, also brachte ich im März 2017 das* I Must Write My Book Workbook *heraus.*

- *Nachdem ich außerdem mehr als zwei Dutzend E-Mails erhalten hatte, in denen ich gefragt wurde, ob es zu meinem Buch auch einen Kurs gäbe, begann ich, „Publishing Ph. D." zu lehren (was ursprünglich den schrecklichen Titel „The You Must Write a Book LIVE! Coaching Course" trug), in dem ich Profis und Unternehmern aus der ganzen Welt beibrachte, von der leeren Seite zum veröffentlichten Buch zu kommen.*

Dieser Kurs findet inzwischen online statt und hat schon über 300 Absolventen, von denen viele immer noch monatlich zur Fragerunde kommen, damit ich ihre Fragen beantworten kann.

- *2019 gründete ich das Empire-Builders-Mastermind-Event, das Unternehmern Unterstützung durch Mentoren und ein positives Umfeld bietet, wenn sie sich mehrere Einkommensquellen erschließen wollen, von denen mindestens eine ein eigenes Buch ist. 2023 halte ich dieses Event zum fünften Mal ab und habe 13 Teilnehmer, sodass ich jedem von ihnen in Echtzeit persönlich zur Seite stehen kann.*

- *Anfang 2020 brachte ich einen weiteren Kurs heraus, in dem es darum ging, Inhalte für zusätzliche Einkommensquellen neu zu verpacken und anzupassen: Building a Million Dollar Book Business.*

- *Und schließlich habe ich über ein Dutzend Bücher für Unternehmer und Geschäftsinhaber produziert, die sich an mich gewandt hatten, weil sie selbst laut ihren eigenen Worten „mehr Geld als Zeit" hatten und den ganzen Prozess outsourcen wollten.*

Insgesamt habe ich mehrere Millionen Dollar daran verdient, dass ich *Du MUSST ein Buch schreiben* geschrieben, veröffentlich, verkauft und vermarktet habe. Und nur, um das klargestellt zu haben: Ich habe das Buch im Selbstverlag veröffentlicht, ich habe keine PR- oder Marketingagentur angeheuert, und ich habe nicht mehr als 40 Stunden pro Woche daran gearbeitet.

All das erzähle ich dir, damit du siehst, dass ein Buch sowohl selbst eine Einkommensquelle durch Buchverkäufe sein als auch ganz von selbst weitere Einkommensquellen erschließen kann. Aber hier geht es nicht um mich, also wende ich mich dankbar wieder dir und deinem Buch zu – und seinem ganzen Potenzial!

Du solltest dich unbedingt darauf konzentrieren, dein Buch anhaltend zu vermarkten und dabei jede neue Gelegenheit und Idee zu analysieren. Das ist leichter gesagt als getan, und genau deshalb habe ich dieses Buch geschrieben: damit du die Früchte deiner Arbeit auf einfache, lukrative und angenehme Art genießen kannst.

Anders ausgedrückt: Ich möchte, dass du eine Checkliste mit Dingen hast, die du tun musst, um dein Buch zu vermarkten, eingebaut in einen soliden Buchmarketing-Aktionsplan (deinen Buch-MAP). Ich möchte außerdem, dass du verstehst, was du über Buchmarketing *denken* solltest, damit du das Beste aus allem herausholst, was du machst.

Was ist Buchmarketing?

Buchmarketing findet immer dann statt, wenn ein Autor strategisch vorgeht, um eine potenzielle Leserschaft zu finden und anzusprechen (und kann Werbung, Branding, Preisgestaltung und Verkauf beinhalten).

Einfach ausgedrückt: Buchmarketing ist, wenn du dein Buch und seine Leser zusammenbringst.

Aber täusch dich nicht: Buchmarketing und Marketing für andere Produkte oder Dienstleistungen sind nicht das Gleiche. Die Grundlagen sind natürlich gleich oder ähnlich, aber die Unterschiede können über den Erfolg oder Misserfolg eines Buches entscheiden.

Oft wird angenommen, dass jemand, der sich mit Marketing auskennt oder sogar Marketingexperte ist, auch mit Buchmarketing keine Probleme hat. Aber selbst, wenn so eine Person wahrscheinlich einen leichteren Start hat als die meisten Autoren, gibt es doch einen gewissen Unterschied.

Worin besteht also dieser Unterschied? Gut, dass du fragst!

Die Investition in ein Buch ist zwar mit ein paar Euro relativ gering (vor allem im Vergleich dazu, was es kosten würde, sich das Thema vom Autor persönlich erklären zu lassen), aber es kostet Zeit, ein Buch zu lesen. Die wahre Investition, die du suchst, wenn du dein Buch vermarktest und verkaufst, ist Zeit. Die meisten Leute schauen ein Buch an und fragen sich: *Bekomme ich eine ordentliche Rendite für die Zeit, die ich investiere, um dieses Buch zu lesen? Wird es mein Problem lösen und mir helfen, etwas besser zu machen oder etwas zu bekommen, was ich will?*

Darüber hinaus haben potenzielle Leser deines Buches Tausende von anderen Auswahlmöglichkeiten und fast genauso viele andere Dinge als Lesen, die sie mit ihrer Zeit anfangen können.

Eine Stereoanlage, eine Urlaubsreise oder ein neues Auto zu vermarkten, ist etwas anderes, weil die Zeitinvestition für den Käufer nicht so hoch ist.

Außerdem schaut jeder Fernsehen, hört Musik und braucht für die neue Saison eine neue Hose, aber niemand muss dein Buch lesen.

Lies das noch einmal.

Dein Buch zu lesen, ist nicht besonders wichtig. Außer, du setzt alles daran, es besonders wichtig zu machen. *Dein Buchmarketing muss perfekt sein, weil du nicht nur jemanden inspirieren musst, sein Geld zu investieren, sondern weil auch ein dringender Grund entstehen muss, dass er die Zeit investiert, es zu lesen.*

Als Autor von Sachbüchern – und um die geht es in diesem Buch hauptsächlich – hast du zwei Absichten für einen Teil deiner Leserschaft, stimmt's? Du möchtest, dass sie von deinem Wissen profitieren und dass sie sich tiefergehend mit dir beschäftigen.

Wenn sie dein Buch nicht lesen, werden sie sich bestimmt nicht mit dir beschäftigen.

Also muss dein Marketing sie dazu bewegen, dein Buch zu kaufen und zu lesen. Schließlich ist das, was du wirklich willst, dass Leute dein Buch lesen und es lieben. Oder? (Ja, mir geht es auch so.)

Das klingt jetzt erst mal wie eine Reihe unüberwindlicher Hindernisse, aber ich bin ja bei dir! Der ganze Grund, aus dem ich dieses Buch geschrieben habe, besteht darin, dafür zu sorgen, dass du Buchmarketing verstehst – nicht nur, was du tun musst, sondern auch wo, wann und warum – und dir die Fähigkeit zu verleihen, einen Buchmarketingplan zu erschaffen, der alles abdeckt, was du von ihm brauchst.

Egal, ob du noch an deinem Buch arbeitest oder ob du es schon vor fünf Jahren veröffentlicht hast: In diesem Buch findest du effektive Taktiken, die dir helfen, dein Buch zu vermarkten, und Einblicke in das strategische Denken, das deinem Buch auf Jahre hin zu guten Verkaufszahlen verhelfen wird.

Also, schnapp dir ein Notizbuch (oder ein Exemplar von *I Must Market My Book Workbook*) und einen Stift, dann legen wir los.

Honorée Corder

Honorée Enterprises Publishing
1890 Fairview Blvd., Box 333
Fairview, Tennessee 37062
USA

Wo Buchmarketing wirklich beginnt

Bücher verkauft man nicht durch Zufall, sondern durch zielgerichtetes, absichtsvolles und anhaltendes Marketing. Du kannst das reinste Buchmarketinggenie sein, ein Superninja des Buchmarketings. Wenn du aber zwei wichtige Komponenten des Buchmarketingspiels nicht besitzt, wird sich dein Buch trotzdem nicht verkaufen (traurig, aber wahr) und es wird dir nicht das neue Business verschaffen, von dem du träumst (ebenso traurig, aber wahr).

Anders ausgedrückt: Du kannst nicht Lippenstift auf eine preisverdächtige Sau schmieren und dann so tun, als sei sie das Pferd, das das Kentucky Derby gewinnen wird.

Bevor ich dir also die Feinheiten eines Buchmarketingplans beibringen kann, der all deine Buchmarketing- und Businessträume wahr werden lässt, müssen wir noch mal einen Schritt zurück machen und sicherstellen, dass du alles hast, was du dafür brauchst.

Die zwei unverzichtbaren Komponenten für den Erfolg eines Buches

Die zwei Komponenten, die ich meine, sind:

- die Qualität deines Buches und
- dein Mindset zum Buchmarketing

Das Mindset ist so wichtig, dass ich es an die Spitze dieser kurzen Liste holen will.

Warum?

Aus diesem Grund:
Wenn du nicht daran glaubst, dass dein Buch erfolgreich sein kann – so, wie du Erfolg für dich und dein Buch definierst –, dann wird es das auch nicht werden. In dem Fall kannst du genauso gut weitermachen wie bisher, ohne Buch.

Dein Buchmarketing-Mindset

Wenn du erst einmal ein Buch hast, oder sogar schon vorher, gibt es viele Dinge, die du tun kannst, um das Beste aus der Tatsache herauszuholen, dass du jetzt ein Autor bist. (Und mit dem Besten meine ich Geld.)

Für den Moment möchte ich sicherstellen, dass du mit deinem Buch bereit für Erfolg bist. Mit dem Buchmarketing verhält es sich nämlich wie mit einer Ehe: Du musst es mit einer positiven Geisteshaltung angehen, sonst ist es von Anfang an zum Scheitern verurteilt.

Zuerst möchte ich mit dem Irrtum aufräumen, man könne mit Büchern kein Geld verdienen. Ich kann bezeugen, dass viele Leute Geld mit ihren Büchern verdienen. Sie verkaufen sie, indem sie sie zum Beispiel signieren und verkaufen, wenn sie irgendwo Vorträge halten, oder sie verkaufen Großmengen davon. Meistens verkaufen sie ihre Bücher auch noch zusätzlich online, in Buch- und anderen Läden und auf vielen anderen Wegen.

Wenn du dein Buch vermarkten willst, musst du mit einem erfolgsorientierten Buchmarketing-Mindset beginnen. Darüber will ich in diesem Buch nicht allzu viel erzählen, aber es wäre nachlässig von mir, es gar nicht anzusprechen.

Ob du an deinem Mindset arbeiten solltest, merkst du daran, ob du direkt, während du dies liest, anfängst, mit mir zu diskutieren: *„Aber Honorée, mein Freund Steve hat ein Buch veröffentlicht und gar kein Geld damit verdient!“* Oder: *„Hey, ich habe vor drei Jahren ein Buch herausgegeben und jetzt stehen immer noch acht Kartons davon in meiner Garage. Bitte erklär's mir! Meinst du damit, ich sei selbst daran schuld?“*

Langsam, langsam, beruhige dich erst mal wieder. Ich mache keine Anschuldigungen und ich schiebe niemandem die Schuld zu.

Aber eines weiß ich sicher: Wenn jemand, *irgendjemand*, und damit meine ich dich, ein Buch hat, das sich nicht verkauft, dann liegt es wahrscheinlich an einer Lücke im Marketingplan.

Oder daran, dass das Mindset des Autors nicht optimal ist.

Oder daran, dass das Buch qualitativ nicht gut genug ist.

Oder an allen drei Faktoren.

In diesem Buch geht es nicht um dein Mindset, aber wenn du sicherstellen willst, dass deins in Ordnung ist, hol dir mein Buch *Prosperity for Writers*. Wenn du willst, dass dein Buch ein Erfolg wird, musst du zuerst daran glauben, dass es einer wird!

Für unser Gespräch hier – und ich hoffe, es ist ein Gespräch – möchte ich, dass du jetzt eine Haftnotiz nimmst. Auf diese Haftnotiz schreibst du, wie viel Geld du durch Verkäufe deines Buches und Tantiemen verdienen willst und wie viel mehr du dadurch verdienen willst, dass neue Klienten und Kunden dich durch dein Buch finden.

Ich hatte mir zum Ziel gesetzt, 100.000 Dollar durch den Verkauf meines ersten Buches zu verdienen. Das ist ganz schön viel! Nachdem ich es 2005 herausbrachte, verkaufte ich in den ersten drei Wochen 11.000 Exemplare und verdiente über 100.000 Dollar. (Darüber habe ich 2017 im Podcast *Author Hour* gesprochen: https://authorhour.co/sell-self-published-book-honoree-corder/.) Und warum? Weil ich nicht wusste, dass das eigentlich nicht geht!

Was du von mir nie wieder hören wirst (außer in dieser Einführung), ist, wie viele Bücher Autoren im Durchschnitt verkaufen, und dass etwas (irgendetwas!) unmöglich sei.

Ich weiß, dass du es schaffen kannst, weil ich es auch geschafft habe – und weil ich dir dabei helfen werde, es auch zu schaffen!

Die Qualität deines Buches

Die zweite wichtige Komponente eines erfolgreichen Buches ist seine Qualität.

Genauso wenig wie deine Sau das Kentucky Derby gewinnen wird, wird ein Buch, das an einem Wochenende geschrieben wurde, dessen Cover in Word designt wurde, das für 99 Cent auf Amazon veröffentlicht wurde und dessen Autor der ganzen Welt gesagt hat, sie sollten es kaufen und bewerten, niemals zu einem Buch, mit dem man viel verdient, die eigene Marke verstärkt, das eigene Business verbessert und zum gefragten Experten wird.

Atme erst mal tief durch!

Ich meine ja nur …

Die vier Grundsteine eines professionell verlegten Buches sind der erste, beste und einzige Punkt, an dem du ansetzen musst.

Mein erstes Ziel, wenn ich ein Buch veröffentliche, ist nicht, eine Million Exemplare zu verkaufen (das ist mein zweites Ziel). Mein erstes Ziel ist es, das Buch so zu veröffentlichen, dass es sich nicht von einem traditionell herausgebrachten Buch unterscheidet. In New York, Chicago und Los Angeles sitzen Leute, die hohe Maßstäbe an ein Buch legen – und diesen Standard versuche ich auch zu erreichen und zu übertreffen.

Damit ich mit den großen Fischen mithalten kann, muss sich mein Buch genauso anfühlen und lesen wie ihre. Hier sind die Voraussetzungen, die dein Buch erfüllen muss, damit es zu seinen Artgenossen passt – und sich von ihnen abhebt:

Das Cover muss *großartig* sein. Ja, ich weiß, „großartig" ist ein dehnbarer Begriff, aber hier sind ein paar Anregungen:

Sorg dafür, dass es *dazu passt* und *sich abhebt*. Dein Buch muss aussehen wie die anderen Bücher des Genres, wenn möglich sogar ein kleines bisschen besser. So spannend, dass man es in die Hand nehmen, umdrehen und den Klappentext lesen, kaufen und lesen will (idealerweise alles am gleichen Tag). Am besten beauftragst du damit jemanden, der sich auf Buchcoverdesign spezialisiert hat, der die Unterschiede zwischen RGB und CMYK versteht, und der ein sauberes Coverdesign erstellen kann (kein überladenes und auch keins, dem man den Selbstverlag sofort ansieht – ich weiß, dass du weißt, was ich damit meine!).

Schau dir die anderen Bücher in deiner gewählten Kategorie genau an. Welche Designelemente, Farben und Bilder siehst du auf dem Cover von denen, die sich besonders gut verkaufen? Wie kannst du dafür sorgen, dass dein Buch gut zu ihnen passt?

Auf der Rückseite deines Buches brauchst du einen hervorragenden Werbetext (mehr dazu später), ein professionelles Foto von dir mit einer kurzen Autorenvita, das Hauptthema deines Buches, den Preis, einen Strichcode und vielleicht eine Empfehlung oder drei. *Wirf doch mal Amazon an und schau dir die Cover der Bücher an, die sich mindestens ein Jahr nach Veröffentlichung immer noch gut verkaufen (achte dabei auf das Erscheinungsjahr und den Bestseller-Rang; alles unter 30.000 auf Amazon ist ein guter Anfang).*

Ein hochwertiges Cover wird dich ungefähr 1.000 Dollar kosten, ein angepasstes Cover für alle Formate zwischen 1.500 und 2.000 Dollar. Bevor du jetzt einen Schreck bekommst, denk daran, wie viel dir deine Klienten bezahlen werden, um mit dir zusammenarbeiten zu können. Ein großartiges Cover kann dir massenhaft neue Kundschaft bringen, also ist die Investition in ein hochwertiges Cover eine gute Investition.

Dein Buch soll sich so gut wie fehlerfrei lesen. Das bedeutet, dass du mindestens einen Profilektor und einen professionellen Korrektor anheuern musst (vielleicht sogar zwei von jedem, wenn es sich um dein erstes Buch handelt). Du weißt, dass du es mit Profis zu tun hast, wenn du jemanden findest, der bei einem traditionellen Verlag gelernt hat, und auf dessen Steuererklärung die Berufsbezeichnung „Lektor“ oder „Korrektor“ steht.

Ein lektoriertes Buch, das einem Styleguide folgt (auf Englisch zum Beispiel dem *Chicago Manual of Style*) und das korrekturgelesen wurde, ist ein qualitativ hochwertiges Buch ohne Tipp- und Schreibfehler, überflüssige oder fehlende Wörter. Außerdem finden Profis, die dein Buch zweimal durchgehen, auch inhaltliche Fehler und sorgen dafür, dass du deine Quellen angibst, wo nötig. Sie polieren dein Manuskript richtig auf, sodass es deine Anforderungen erfüllen kann (neue Kundschaft und bessere Bezahlung, du erinnerst dich?).

Zwar ist kein Buch jemals perfekt – egal, wie oft es jemand durchgeht, ein paar Fehler schlüpfen immer durchs Netz –, aber wenn du ein gründliches Lektorat machen lässt, schaffst du ein angenehmes und hilfreiches Leseerlebnis für deine Leserschaft und ermöglichst ihr, dich durch deine Expertise kennenzulernen, was sie eventuell auch gleich zu deiner Kundschaft macht. Denk daran, dass gute Lektoren und Korrektoren sehr gefragt sind; du solltest ungefähr drei Monate vor Fertigstellung deines Manuskripts damit anfangen, dir welche zu suchen.

Auf dem amerikanischen Markt kosten Lektoren ungefähr 4-8 Cent pro Wort, Korrektoren 2-4,5 Cent. Man kann fantastische Leute finden, die früher einmal im Verlageswesen tätig waren und jetzt freiberuflich unterwegs sind.

In meiner Facebookgruppe, *The Prosperous Writers Mastermind* (www.facebook.com/ProsperityforWriters) kannst du einige solche Leute finden, oder du verlässt dich auf persönliche Empfehlungen.

Das Layout deines Buches für E-Books und gedruckte Bücher ist megawichtig. Eine klare Formatierung in einer leicht lesbaren Schriftart ist ein Muss. Für ein einfaches Layout kannst du das kostenlose Tool nutzen, das Draft2Digital zur Verfügung stellt. Wenn dein Budget es hergibt, solltest du einen Profilayouter beauftragen, der noch zusätzliche Effekte hinzufügen kann (zum Beispiel Grafiken zu Beginn jedes Kapitels, Icons, die in manchen Abschnitten deinen Punkt noch klarer machen, oder sogar Freiräume für Notizen oder Kapitelzusammenfassungen).

Wenn das Ziel deines Buches ist, dir ein neues Business zu erschließen, empfehle ich dir, nicht an einem professionellen, auf dich angepassten Innendesign deines Buches zu sparen, das es noch einmal ins beste Licht rückt und visuell besonders gut wirken lässt. Dieser Zusatzwert wird das Wissen und die Expertise, die du in deinem Buch teilst, noch besser wirken lassen, weil er die Leser auf genau das hinführt, worauf sie sich besonders konzentrieren müssen, und weil er dein Wissen in gut verdauliche Häppchen herunterbricht.

Das Genie hinter der Formatierung dieses Buches ist Dino Martino, den du unter www.DinoMartino.com finden kannst. Meine anderen Layoutempfehlungen findest du im Bonusbereich dieses Buches. Du kannst es auch selbst versuchen, zum Beispiel mit dem Programm Vellum (www.Vellum.pub), einer Software, die du kaufen und für semi-persönliches Layout nutzen kannst.

Die Titelei und die Schlussseiten deines Buches sind ebenfalls wichtige Elemente. Sie sind fast so wichtig wie der Haupttext deines Buches. Stell sicher, dass du zu Beginn deines Buches ein Inhaltsverzeichnis, eine Einführung und eine Einladung an die Leser, sich auf deiner Mailingliste einzutragen, unterbringst. Am Ende deines Buches kannst du Anmerkungen darüber teilen, warum, wo und wann du das Buch geschrieben hast, und eine Vita, in der du auch deine anderen Veröffentlichungen und Angebote (zum Beispiel Kurse, Vorträge oder sogar jährliche Liveevents) erwähnst.

Deine Buchbeschreibung (sprich, dein Klappentext) macht aus potenziellen Käufern deine Leser. Aus deinem Klappentext erfährt ein potenzieller Leser, worum es in deinem Buch geht – also willst du sicher einen Profi engagieren, der ihn für dich schreibt! Ein guter Klappentext vergrößert deine Leserschaft sogar noch schneller als ein herausragendes Cover, also nimm ein paar hundert Dollar in die Hand und lass dein Buch von einem Experten verkaufen.

Um einen Klappentext für dich zu schreiben, braucht ein Texter Folgendes (ganz oder in Teilen):

- Titel und Untertitel deines Buches,
- eine Beschreibung deines Buches in deinen eigenen Worten (nicht mehr als zwei Sätze),
- ein Inhaltsverzeichnis (mit 1-2 Sätzen zu jedem Kapitel),
- die Langform deiner Biographie.

Hinweis: Dein Buch, das du geschrieben hast, sollte auch klingen wie du. Oder? Falsch! Dein Klappentext *hört sich nicht nach dir an* und das sollte er auch nicht. **Die Aufgabe von Werbetexten ist es, ein Produkt zu verkaufen.** Bitte mach nicht den Fehler, den Klappentext, für den du bezahlt hast, zu nehmen und ihn zu ändern, damit er „mehr nach dir klingt". Das ist ein Fehler, den ich oft bei Autoren sehe. Lass den Texter seinen Job machen, okay? Okay!

Zusammengefasst sind also das hier die vier Grundsteine: **das Cover, der Lektoratsprozess** (*inklusive Lektorat und Korrektorat)*, **das Innendesign** *(denk auch an die Titelei und die Schlussseiten*), und **der Klappentext**. Wenn du das alles gut machst, schaffst du damit ein Buch, das mit den anderen in deinem Genre mithalten kann – und sich gegen sie durchsetzen! Potenzielle Leser (und Kunden) werden nicht wissen, dass du es im Selbstverlag veröffentlicht hast, und sie werden beeindruckt davon sein, dass du Autor bist und dein Buch so schön gestaltet ist.

Es wäre nachlässig von mir, nicht darauf hinzuweisen, dass dein Buch die Person ansprechen sollte, die es auch lesen soll. Einen idealen Leser im Kopf zu haben (Hinweis: Dein idealer Leser und dein idealer Kunde sind identisch!), ist der Schlüssel dazu, ein Buch zu schreiben, das den Effekt hat, den du dir wünschst.

Jetzt, wo wir das alles aus dem Weg haben, können wir uns interessanteren Dingen zuwenden: wie du dein Buch vermarktest und wie du *mit* deinem Buch Marketing betreibst.

Wenn du so weit bist, legen wir los!

Buchmarketing aus der Vogelperspektive

Bevor wir uns dem taktischen Teil des Buchmarketings (also dem, was du jeden Tag tust) zuwenden können, müssen wir uns das Buchmarketing erst mal aus etwas größerer Entfernung anschauen.

Ich nutze gern die Vogelperspektive, weil ich aus der Höhe einen Überblick über die ganze Landschaft habe (wie dein Buch und dein Business zusammenpassen) und gleichzeitig einen ausgedehnten Zeitstrahl betrachten kann (wie dein Buch, sagen wir, in den nächsten zehn Jahren für dich arbeiten kann).

Für dieses Buch werde ich erst mal annehmen, dass du die Kriterien, die ich im ersten Kapitel erklärt habe, erfüllst. Dass du also ein qualitativ hochwertiges Buch hast, das für dich und dein Business einen echten Mehrwert schafft, und dass es hart für dich arbeiten kann.

Wenn das der Fall ist, lassen wir das Ding mal seine Arbeit machen und holen das Beste aus seinem Potenzial für dich heraus.

Strategisches Denken

Wenn du nicht gerade CEO eines Fortune-500-Unternehmens bist oder ein ganzes Team hast, das dich unterstützt, erfüllst du wahrscheinlich in deinem Unternehmen mindestens drei Rollen:

Unternehmensentwicklung, Schaffung von Arbeitsergebnissen und Aufbau von Beziehungen. In seinem Buch *Sell It Like Serhant* nennt Ryan Serhant diese Rollen „Finder", „Erhalter" und „Macher".

Dein Buch kann dir beim „Finder"-Teil davon gewaltig helfen. Wenn du dein Buch gut vermarktest, wirst du sehen, dass die potenzielle Kundschaft bald anfängt, bei dir Schlange zu stehen.

Natürlich ist es wichtig, dass ich jetzt sage: Du musst selbstverständlich auch großartige Arbeit leisten und hervorragende professionelle Dienstleistungen anbieten. Ein gutes Buch, mit dem du neue Kundschaft anlockst, ist nur der Anfang. Was deine Kunden erfahren, von der ersten Anfrage bis zum Ende des Auftrags, ist das, was den Deal perfekt macht.

Tu dir selbst, deinem Business und deinem Buch einen Gefallen und erschaffe eine unglaublich gute Kundenerfahrung.

Ich werde jetzt nicht noch weiter auf diesen Nebenschauplatz abdriften und dir die wichtigen Unterschiede zwischen einer transaktionalen Unternehmerpersönlichkeit und einer beziehungsorientierten Unternehmerpersönlichkeit (und den großen Vorteilen, die das zweite bietet) erklären. Kurz zusammengefasst glaube ich, dass die zweitere es im Leben und im Business viel leichter hat. Wenn du mehr darüber erfahren möchtest, schnapp dir ein Exemplar meines Buches zum Thema Netzwerken und Unternehmensentwicklung, *Business Dating*.

Angenommen, du hast unglaublich gute Inhalte in deinem Buch und dein Buch wie auch du selbst erfüllt alle Erwartungen, die ihr weckt (dein Buch hält das, was Titel und Untertitel versprechen, und du bist eine Perle deines Berufsstandes). In diesem Fall empfehle ich dir dringend, die Rolle zu betrachten, die dein Buch für dein Business spielen kann.

Die Rolle deines Buches in deinem und für dein Business

Dein Buch kann viele verschiedene Funktionen erfüllen, und das sollte es auch. Es kann deine Marke stärken – wenn es darum geht, Glaubwürdigkeit zu beweisen, gibt es fast nichts, was so stark wirkt, wie Autor zu sein.

Es kann deine Bestrebungen im Bereich Unternehmensentwicklung exponentiell wachsen lassen – ein Buch kann Türen öffnen, dich mit Menschen verbinden, die du sonst nie getroffen hättest, und an Orte gehen, die du nicht erreichen kannst (schon allein deshalb nicht, weil du nicht gleichzeitig an zwei Orten sein kannst, während dein Buch gleichzeitig an Tausenden von Orten sein kann).

Es kann dich als Experten an deinem Wohnort oder in deinem Wissensgebiet etablieren – wenn du erst einmal ein Buch hast, kannst du ganz schnell der nächste Dave Ramsey im Bereich mentaler Gesundheit oder die nächste Brené Brown im Bereich weiblicher Emanzipation sein.

Anders ausgedrückt: Dein Buch kann wirklich viel dazu beitragen, dein Profil zu schärfen, deine Bekanntheit zu steigern und möglichen Käufern das gute Gefühl zu geben, dass du die richtige Person für sie bist.

Strategisches Denken und die Rolle deines Buches

Dein offensichtlicher nächster Schritt muss sein, die Rolle oder Rollen festzulegen, die dein Buch für dich spielen soll, und dann die einzelnen Punkte nacheinander anzugehen, die dazu führen, dass es genau das tut.

Wenn du strategisch über dein Buch nachdenkst und entsprechend handelst, bekommst du mehr von dem, was du willst. Mehr

Kundschaft? Mehr Einkommen? Mehr Freiheit? Außerdem bekommst du weniger von dem, was du nicht willst. Weniger Stress bei der Unternehmensentwicklung? Weniger verschwendete Zeit und zum Fenster hinausgeworfenes Geld? Weniger Arbeit für bessere Ergebnisse? All das und mehr ist möglich.

Mit deinem Buch sind Querpässe und Abkürzungen zur Kundenzufriedenheit möglich, die sonst fast nichts anderes bieten kann.

Als Autorin im Selbstverlag hatte ich bei der Veröffentlichung meiner ersten Bücher 2004, 2005 und 2009 nicht die riesige Marketingmaschine zur Verfügung, von der man immer annimmt, traditionelle Verlage hätten sie. Auch eine schicke PR-Agentur hatte ich damals nicht. Ich saß nicht plötzlich in der *TODAY Show* (Hallo, Hoda!). Außerdem hatte ich keinen weltweiten Vertrieb, als ich meine ersten Bücher herausbrachte.

Was ich damals auch nicht hatte, war ein Haufen Geld, der es mir erlaubt hätte, jeden Monat 25.000 Dollar für besagte PR-Agentur auszugeben, ein unbegrenztes Reisebudget für meine Lesereise (auch wenn ich offen für die Idee bin, drei Monate in einem coolen Tourbus zu verbringen …) und so weiter und so fort.

Damit will ich sagen: Ich musste strategisch über mein Buch und darüber, wie ich es an eine potenzielle Leserschaft bringen wollte, nachdenken.

Ich wusste, welche Rolle mein Buch spielen sollte – ich kannte das *Warum* hinter dem *Wie*: Ich wollte mir neue Geschäftsfelder als Coach erschließen und mehr Weiterbildungen bei Dienstleistungsfirmen durchführen. Mit dieser Idee im Hinterkopf würde ich mein Buch in die Hände von so vielen hochrangigen Businessmenschen bekommen wie möglich, insbesondere in die von Personen, die in Anwalts- und Wirtschaftsprüferkanzleien und anderen Firmen, die meine Expertise benötigten, die Entscheidungen trafen.

Indem ich solchen Personen mit Hilfe meines Buches meinen Prozess vorstellte und meine Fähigkeiten ins Rampenlicht rückte, konnten sie danach selbst entscheiden, ob ich der perfekte Coach für sie und ihr Unternehmen sein könnte.

Mein Buch gab nicht nur Einblicke in meine Methoden, sondern auch in die Ergebnisse, die ich damit für andere Firmen erreicht hatte.

Außerdem musste ich erfinderisch werden. Ohne ein Marketingbudget, das mir erlaubt hätte, teure Geschenke zu verteilen oder kostenintensive Events zu sponsern, musste ich beim Buchmarketing kreativ und innovativ werden.

Ich entschied mich für eine mehrgleisige Herangehensweise, darunter auch die folgenden Methoden:

Betrachte, was die anderen tun. Ich sah mir genau an, was andere veröffentlichte Autoren machten, hörte mir ihre Geschichten an, las ihre Bücher und besuchte ihre Seminare. Na gut, ein Seminar. Damals gab es nur ein Seminar: *Mega Book Marketing* mit Mark Victor Hansen.

Heute gibt es Dutzende, vielleicht sogar Hunderte, von Büchern, Podcasts von Autoren und Textern, Konferenzen und so weiter. Informationen von Autoren, die ihre Bücher erfolgreich vermarkten, sind schier endlos verfügbar. Du kannst viel von dem lernen, was andere Autoren machen – hauptsächlich darüber, was du tun und was du lieber lassen solltest.

Du kannst auch Autoren in deiner Gegend kontaktieren, manchmal einfach, indem du fragst: Gibt es Autoren unter meinen Freunden? Frag deine Facebook-Freunde oder mach eine ortsgebundene Suche auf LinkedIn, um zu sehen, welche deiner Kontakte schon ein Buch geschrieben haben.

Einige meiner besten Ideen entstammen Gesprächen mit anderen Autoren. Du kannst dir auch bei bekannteren Autoren und anderen Künstlern eine Scheibe abschneiden, die erfolgreich ihre Bücher, Filme und Musik vermarkten.

In seinem Buch *Will* erzählt Will Smith davon, wie er ganz genau studierte, was die vier größten Filmstars der Welt taten, um die größten Filmstars der Welt zu werden und zu bleiben. Alle vier dieser Größen, die wirklich jeder kennt und die von Millionen Menschen geliebt werden, sagten Will, wenn er ebenfalls megaerfolgreich werden wollte, müsse er jede Hand schütteln, jedes Event besuchen und jedes Baby küssen. Oh, und immer so lange bleiben, bis wirklich alle ihn kennengelernt, ihm die Hand geschüttelt und ihm erzählt haben, warum sie ihn so toll finden.

Das habe ich jetzt vielleicht ein bisschen ausgeschmückt, aber nicht allzu viel. Will wollte der größte Star der Welt werden, also machte er sich an die Arbeit – einen Tag nach dem anderen – und baute seine Marke auf, einen Fan nach dem anderen. (Falls du sein Buch noch nicht gelesen hast, möchte ich dir ans Herz legen, das Hörbuch zu hören, das er selbst hervorragend eingelesen hat.)

1996 gab Garth Brooks beim *Fan Fair* (heute *CMA Fest*) 23 Stunden am Stück Autogramme. Wir kennen das Supermodel Tyra Banks, weil sie sich für gute Zwecke einsetzt. Keanu Reeves gilt als einer der nettesten Kerle überhaupt und man weiß von sehr vielen Begegnungen mit Fans (er zahlte sogar jemandem, der am Set von *The Matrix* arbeitete, einen Bonus von 20.000 Dollar, weil diese Person familiäre Probleme hatte).

Das gibt mir die Gelegenheit, den Autoren zu danken, die besonders freundlich zu mir waren (und ich weiß aus sicherer Quelle, dass ich da nicht die einzige war): Deborah Coonts war eine der ersten Autorinnen, die ich kurz nach Veröffentlichung ihres Buches *Wanna Get Lucky?* kennenlernte. Jeff Goins und ich sind inzwischen gute Freunde, aber zuerst war ich Fan seiner Arbeit. J. T. Ellison und ich liefen uns vor ein paar Jahren beim *WriterFest* in Nashville über den Weg und unterhalten uns seither immer mal wieder. Alle drei sind brillante Autoren und wundervolle Menschen, und sie sind nur drei Beispiele für zahllose weitere Leute.

Trägt die Art, wie sie sich neben der Bühne verhalten, zu ihrem Erfolg bei? Wenn du mich fragst, muss die Antwort „Ja!" lauten.

Es reicht schon, wenn jemand ein paar Mal als eine Person rüberkommt, die sich für etwas Besseres hält, um dafür zu sorgen, dass dieser Person auf einmal der ganze Schwung entzogen wird, den sie sich erarbeitet hat.

Ich könnte eine ganze Liste von Künstlern aufstellen, bei denen man denkt: „Was ist eigentlich aus soundso geworden?" Du weißt schon, was ich meine. Deshalb steht das ganz oben auf der Liste der Dinge, die erfolgreiche Autoren tun: Freundlich sein.

Dazu möchte ich noch zwei Dinge sagen, bevor wir das Thema „Darauf hören, was andere teilen" abschließen.

Erstens: Achte gut darauf, wessen Ratschläge du annimmst. Es gibt jede Menge Leute da draußen, die nach Berühmtheit und Rampenlicht süchtig sind und sich so oft wie möglich hineinstellen wollen. Manche von ihnen verkaufen tatsächlich eine Menge Bücher und teilen wertvolle Tipps. Andere tun das nicht. Prüfe sorgfältig, mit wem du es zu tun hast.

Zweitens: Es ist leicht, sich von der Menge an Informationen einschüchtern zu lassen, die da draußen unterwegs sind. Ich lege zwar viel Wert darauf, zu entdecken, was es zu finden gibt, aber ich nehme mir auch Zeit, in Ruhe auszuwählen, was davon überhaupt zu mir passt. Dazu sage ich später noch mehr, ich wollte es nur unbedingt schon einmal ansprechen.

Dann tu, was sie tun … Es gibt fundamentale Buchmarketingtaktiken, die erwiesenermaßen funktionieren. Wenn du diese Grundlagen anwendest, und zwar konsequent, werden sie auch für dich funktionieren. Sie sind nicht besonders sexy und auch nicht besonders spannend, aber sie werden funktionieren. Grundlegende Methoden, die schon ein paar Mal Probe gefahren wurden und immer noch Leserschaften für Bücher erschließen, zu einem Teil deines Buchmarketings zu machen, ist eine hervorragende Idee.

… oder mach (vielleicht) das Gegenteil. Ich lese außerdem schon seit einiger Zeit (und immer noch) Bücher über Kreativität und innovatives Denken. Heute gibt es davon mehr als 2004 oder 2005, aber auf www.HonoreeCorder.com/myfavoritebooks (unter „Productivity and Creativity") findest du eine Liste meiner liebsten. Denk an Lady Gaga und Madonna – die sind beide berühmt dafür, dass sie immer das Gegenteil von dem gemacht haben, was alle anderen taten.

Wenn „alle" TikTok- oder BookTok-Videos machen (was zu dem Zeitpunkt, an dem dieses Buch entstanden ist, schwer in Mode ist), möchtest du vielleicht lieber deine zynische Brille aufsetzen und dich fragen, ob du wirklich regelmäßig Videos drehen (und schneiden, mit Musik versehen, Untertitel dazu basteln usw.) möchtest. Wenn ja, wunderbar. Leg los, viel Spaß! Wenn nicht, kannst du aber auch einfach passen.

Weiter hinten in diesem Buch werde ich dazu noch viel mehr ins Detail gehen, aber lass mich dir jetzt eine Frage stellen (und ja, ich weiß, das ist etwas, das der gesunde Menschenverstand gebietet, aber machst du es auch wirklich?). Nur, damit du sie immer in der Hosentasche hast und sie von heute an jeden Tag nutzen kannst.

Die Frage lautet: ***Funktioniert das, was du machst?*** Das ist die allerwichtigste Frage, wenn es um Buchmarketing geht. Die Grundlagen, die für James Patterson funktionieren, und die TikTok-

Videos, die dafür gesorgt haben, dass neun von Colleen Hoovers Büchern auf der Bestsellerliste der *New York Times* gelandet sind (ebenfalls zu dem Zeitpunkt, an dem dieses Buch entstanden ist), funktionieren vielleicht auch für dich und dein Buch – vielleicht aber auch nicht.

Abschließende Gedanken

Bleib dran. Der letzte Gedanke, den ich dir mitgeben möchte, ist dieser: Du musst dich für eine Strategie entscheiden und die Taktiken lange genug anwenden, bis du sicher weißt, ob sie funktionieren oder nicht.

Früher habe ich es geliebt, über eine neue Idee zu stolpern und ihr in einen metaphorischen Kaninchenbau zu folgen. Was fand ich es toll, mir irgendwo ein neues Profil zu erstellen und dann in den ersten paar Tagen 74 neue Posts abzusetzen!

Aber es dauerte nie lange, bevor mir langweilig wurde, bevor ich keine Lust hatte, der Sache, die ich machte, die nötige Aufmerksamkeit zu widmen und bevor es dann (völlig unerwartet) nicht mehr funktionierte. Hmm.

Weisheit und Erfahrung (na gut, verschwendete Zeit und zum Fenster hinausgeworfenes Geld *plus* Weisheit und Erfahrung) lehrten mich, zunächst alle Informationen zu sammeln, die ich finden kann. Dann trete ich einen Schritt zurück und entwerfe einen strategischen, durchdachten Plan, der zu mir, meinem Business und meinem Buch passt.

Von hier an setze ich es mir zum Ziel, dir genau das an die Hand zu geben, was du brauchst, um dein Buch zu vermarkten: eine potenziell magische Kombination aus Strategie und Taktik sowie kreativem Denken und Intuition.

Zum Beispiel nutzt es dir wenig, dein Buch monogam bei Amazon zu veröffentlichen, wenn du nicht weißt, warum oder auch nur wie lange. Und wenn du eigentlich nur dein Business in einem geographisch relativ eng definierten Gebiet (zum Beispiel in deiner Stadt) ankurbeln willst, ist es für dich unter Umständen gar nicht sinnvoll, bei Amazon zu veröffentlichen. Dazu sage ich im Kapitel *Vertrieb, Verkauf & Verkaufen* mehr.

Wenn du lernst, wie man strategisch *denkt*, wirst du auch dein Buch strategisch vermarkten können: Ideen einfangen, sie intelligent überarbeiten und dann absichtsvolle Schritte unternehmen, die dich deinen Zielen näherbringen.

Für den Langzeiterfolg deines Buches ist es wichtig, dass du nicht nur große Anstrengungen unternimmst, sondern dass du auch verstehst, warum du das machst, was du machst, dass du weißt, wie lange du es machen wirst, und dass du messen kannst, ob es etwas bringt.

Wenn du erst einmal klar umrissen hast, wie dein Buch in dein Business passt, kannst du deinen strategischen Buchmarketingplan entwerfen. Vorher musst du aber noch ein grundlegendes Element kennenlernen.

Die 80/20-Regel des Buchmarketings

Du hast sicher schon vom Paretoprinzip gehört, dem zufolge *für viele Ereignisse gilt, dass ungefähr 80 % der Folgen durch 20 % des Gesamtaufwands entstehen.* Ich bin Optimistin, also ersetzen wir Folgen durch Ergebnisse.

Das heißt, dass 80 % der Ergebnisse deines Buchmarketings durch 20 % dessen, was du tust, erreicht werden. Zumindest am Anfang.

Egal, ob du schon 10 Bücher veröffentlicht und vermarktet hast, oder ob das hier dein erstes Mal ist, du wirst eine Lernkurve haben. Jedes Buch, jeder Autor, jeder Veröffentlichungstermin und sogar jede Leserschaft verhält sich anders. Was bei deinem ersten Buch hervorragend geklappt hat, kann bei deinem zweiten oder deinem siebzehnten unter Umständen gar nichts mehr reißen.

Deshalb ist es so wichtig, darauf zu achten, was dir aussagekräftige Ergebnisse beschert, und was nicht.

Regelmäßige Analyse deiner Buchmarketingaktivitäten hilft dir dabei, nicht mehr zu machen, was nicht funktioniert, und dafür mehr von dem zu tun, was dich weiterbringt. So findest du die drei, fünf oder sieben Dinge heraus, die genau deine Leserschaft anlocken, und kannst sie immer und immer wieder anwenden. Und alles andere sein lassen.

Nur weil „alle" es machen ...

Beispiel: Wenn du relativ kontaktfreudig bist und es leidenschaftlich liebst, über dein Buch zu reden, könntest du als Gast in einem Podcast neue Interessenten für dein Buch und deine Marke gewinnen. Diese Beschreibung passt exakt auf mich, deshalb war ich schon in Hunderten von Podcasts zu Gast.

Kürzlich habe ich einem Klienten, der sich selbst als introvertiert beschreibt, bei der Veröffentlichung eines Buches geholfen. Er hasst die Vorstellung, bei einem Podcast mitzumachen, und hatte die winzigste Buchpremiere aller Zeiten (mit sechs Familienmitgliedern, mir und seinem Ghostwriter). Ich meine, *er geht nicht mal gern öfter als einmal pro Woche zum Essen aus dem Haus. So was von introvertiert!* Als ich ihm vorschlug, er könne in Podcasts und in den Medien über sein Buch reden, starrte er mich wortlos an, aber ich konnte es klar in seinem Gesicht ablesen: *Dieser Gedanke klang für ihn ungefähr so angenehm wie eine Wurzelbehandlung.* Mir wurde klar, dass wir sein Buchmarketing auf andere, kreative Art angehen müssen würden. Und genau das taten wir.

Ich darf den Plan, den wir gemeinsam entworfen haben, hier nicht teilen, aber ich erkläre den Großteil der Strategien, die wir anwandten, in diesem Buch. Ich kann mir nicht vorstellen, dass es niemanden gibt, der das hier liest und denkt: *Das bin ich!*

Deshalb teile ich dieses Beispiel mit dir, damit du siehst, dass du Dinge, die für andere hervorragend funktionieren, nicht mitmachen musst, wenn du nicht willst (nicht unbedingt oder auf gar keinen Fall). Setz einfach deine Ninja-Buchmarketing-Denkmütze auf und erfinde andere Methoden, wie du dein Buch vermarkten kannst.

Die 80/20-Regel des Buchmarketings solltest du im Hinterkopf behalten, wenn du dich zum Brainstorming für deinen Buchmarketing-Aktionsplan hinsetzt.

Hier ist er: der Buchmarketing-Aktionsplan!

Alles, was ich bis hier geschrieben habe, hatte zum Ziel, dich darauf vorzubereiten, deinen eigenen Buchmarketing-Aktionsplan zu erstellen (deinen Buch-MAP).

Wenn du direkt hierher geblättert hast, hast du mein volles Verständnis dafür. Ich suche selbst auch immer nach dem kürzesten Weg zu einem Ergebnis. Lies weiter, aber bevor du den Stift aufs Papier setzt, solltest du dir ein bisschen Zeit nehmen und das Buch noch mal von vorne anfangen, damit du wirklich bereit für das bist, was du tun wirst. Und denk bitte daran: Das hier ist nur ein Überblick. Im 5. Kapitel betrachte ich die einzelnen Konzepte noch einmal näher und gehe tiefer auf jedes von ihnen ein.

Buchmarketing in Aktion

Dies ist ein kurzer Abschnitt, der dir helfen soll, schnell einen groben Überblick darüber zu bekommen, wie viel Zeit und Geld du investieren musst.

Neben der Tatsache, dass du dich selbst verstehen und deine Persönlichkeit akzeptieren musst, solltest du dir zwei Fragen stellen, bevor du deinen MAP auszufüllen beginnst:

1. Woher wirst du die Zeit fürs Marketing nehmen?
2. Du hast etwas Geld, das du für Werbung und Marketing ausgeben kannst, aber wie viel genau?

Während du dann deinen umfassenden Plan baust, werden deine zeitlichen und finanziellen Einschränkungen seine Ausführung beeinflussen. Wenn du dabei die 80/20-Regel im Hinterkopf behältst, merkst du schnell, dass du umso zielgerichteter vorgehen musst, wenn du Methoden wählst, beurteilst und später anpasst, je weniger Zeit und Geld du auf dein Buch werfen kannst – und ich persönlich finde, das ist gut so.

Die Buchmarketing-Matrix

Die Buchmarketing-Matrix (die ich ab sofort nur noch die „Matrix“ nenne, auch wenn sie gar nichts mit dem bereits erwähnten Herrn Keanu Reeves zu tun hat) ist die Grundlage deines umfassenden Buch-MAPs.

Die Matrix besteht aus vier Spalten und 10 Möglichkeiten pro Spalte, die sicherstellen, dass der Erfolg deines Buches *nicht dem Zufall überlassen bleibt.* Damit wirst du nicht jeden Morgen aufwachen und gleich vor Angst einfrieren, weil du dich fragen musst, was zur Hölle du tun solltest, um dein Buch zu vermarkten.

Stattdessen wirst du die vier Aspekte deines Buchmarketings basierend auf diesen vier Kategorien aufgebaut haben:

- Veröffentlichen und Weiterverwerten: *Wie wirst du dein Buch veröffentlichen (in welchen Formaten) und wie wirst du seine Inhalte in anderen Formaten und/oder Marketingaktivitäten weiterverwenden?*
- Vertrieb: *Wie und wo kann deine Leserschaft dein Buch kaufen?*
- Werbung: *Was wirst du tun, damit dein Buch in all den Formaten, die du dir ausgesucht hast, bei einem Publikum aus potenziellen Lesern ankommt?*
- Verkauf: *Wie und wo wirst du dein Buch tatsächlich verkaufen?*

Hier ist meine Matrix für dieses Buch:

Veröffentlichen & Weiterverwerten	**Vertrieb**	**Werbung**	**Verkauf**
E-Book	Amazon	Anzeigen: AMS + BookBub	1:1
Taschenbuch	Draft2Digital	Podcasts*	1:viele (Großmengen)***
Gebundenes Buch (mit oder ohne Schutzumschlag)	Kobo	Konferenzen	Besondere Ausgaben über Website
Hörbuch (Rob Actis)	iBooks	Werbung mit anderen Autoren (BookFunnel)	Sonderpreise (Black Friday)
YouTube-Lesungen (ein Kapitel nach dem anderen/wichtige Passagen)	IngramSpark (gebunden/ Großmengen)	Soziale Medien**	Vorträge (Büchertische)
März ist „Vermarkte dein Buch"-Monat	Findaway Voices (Hörbuch)	E-Mail-Newsletter/LinkedIn	Autorenkonferenzen* (Sponsorentische)

Veröffentlichen & Weiterverwerten	**Vertrieb**	**Werbung**	**Verkauf**
Begleitbuch: *I Must Market My Book* (01/2023)	Supermarkt (Target/Walmart)	Netzwerk (lokal)	Großmengen direkt
Geschenk: Kauf das Buch für einen Autor, den du magst!	Unabhängige Buchläden	Netzwerk (befreundete Autoren)	Großmengen über Vertriebspartner (begrenzte Stückzahl)
Kurs: *Book Marketing Mastery*	Spezialgeschäfte (mit *Du MUSST dein Buch schreiben!*)	Netzwerk (gezielt)	Übersetzungen in andere Sprachen
Strategiesitzungen: *Book Marketing Mastery*	Selbstverkauf/ Website	Postkarten (Direktversand)	Sonstiges****

* Podcastliste, Autorenkonferenzen: Siehe Buch-MAP

** Soziale Medien für dieses Buch: Instagram, LinkedIn, Facebook

*** Hybridverlage, Buchcoaches, +++

**** siehe Buch-MAP

Wie du siehst, überlasse ich den Erfolg meines Buches nicht dem Zufall. Ich habe meine Erfahrung genutzt und eine Matrix für die Vermarktung dieses Buches erschaffen, und bevor ich weitermache, würde ich mich freuen, wenn du dir einen Moment Zeit nimmst und mir eine E-Mail an Honoree@HonoreeCorder.com schreibst, in der du mir erzählst, wie du dieses Buch entdeckt hast.

Wenn du entschieden hast, wie viel Zeit und Geld du investieren willst, und deine Matrix ausgefüllt hast, kannst du deinen Buch-MAP fertigstellen.

Dieser Plan umfasst jeden Aspekt der Zukunft deines Buchmarketings.

- Plan für Buchmarketing vor der Veröffentlichung. Hier beschreibst du, wie du deinem Buch schon vor der Veröffentlichung Raketentriebwerke anschraubst. *Das bedeutet, dass du ein Advanced Reader Team bilden und mit ihm arbeiten musst, und dass du dich für eine Verkaufsplattform entscheidest. Dies ist ein Teil meiner Gesamt-Veröffentlichungsstrategie und der gesamte Überblick ist nicht in diesem Buch enthalten. Du kannst mehr darüber in* Du MUSST ein Buch schreiben *nachlesen und in meinem Kurs „Publishing Ph. D." lernen.* Ein wenig mehr dazu erzähle ich dir im 5. Kapitel.

- Buchmarketing während der Veröffentlichung: Tag 1–30. *Dafür zu sorgen, dass dein Buch richtig abhebt, ist sehr wichtig. Was du im ersten Monat tust, kann einen riesigen Unterschied für die darauffolgenden Monate und sogar Jahre machen.* Was du tun solltest, wie du es angehen solltest und wer dir dabei helfen kann, erfährst du im 5. Kapitel.

- Buchmarketing ab Tag 31. *Wenn du es richtig angehst, kannst du deine Aktivitäten auf ein absolutes Minimum herunterschrauben und trotzdem tolle Resultate erzielen.* Im 5. Kapitel lernst du, wie du dein Marketing für kurz-, mittel- und langfristiges Buchmarketing analysierst und anpasst.

- Buchmarketing-To-Do-Liste. *Mit einer umfassenden Liste von Aktionen, verbunden mit deiner Klugheit und deinen Erfahrungen, garantierst du praktisch den Erfolg deines Buches.* Im 5. Kapitel gebe ich dir Anregungen dafür, die du lieben wirst.

- Verbindungen, Netzwerke und Beziehungsaufbau. *Ideen, wie du dich mit Influencern und Entscheidern verbindest, um einzelne Exemplare oder Großmengen von Büchern zu verkaufen, gibt es viele – damit hältst du die Liebe für dein Buch am Leben und verlierst das Verliebtheitsgefühl nicht.* Im 6. Kapitel dreht sich alles darum, wie du deinen Schwung aufrechterhältst und diversifizierst.

- Buch-Aktions-Plan für die sozialen Medien. *Kein Buchmarketingplan ist komplett ohne eine Präsenz in den sozialen Netzwerken.* Ich helfe dir im 5. Kapitel, die Spreu vom Weizen zu trennen und das Beste aus den kostenlosen sozialen Medien herauszuholen.

Wie du siehst, bietet dir dein eigener MAP einen umfassenden Plan dafür, Aufmerksamkeit auf dein Buch und dein Business zu lenken. Mit einem MAP weißt du jederzeit, was zu tun ist und wann du es tun solltest, und er verleiht dir Selbstvertrauen.

Auf www.HonoreeCorder.com/MarketingBonuses findest du einen leeren Buchmarketing-Aktionsplan zum Herunterladen und Ausfüllen. Wenn du diesen Prozess lieber Schritt für Schritt angehen möchtest, empfehle ich dir das Begleitbuch zu diesem, das *I Must Market My Book Workbook.* Außerdem kannst du dich auf www.HonoreeCorder.com/Marketing für meinen (englischsprachigen) Book Marketing Mastery-Kurs anmelden (und mit dem Promocode READER bekommst du einen ordentlichen Preisnachlass auf den Kurs).

Jetzt hast du einen Überblick, was alles in deinen MAP gehört, also gehen wir es als Nächstes durch und ich erkläre dir, wie du darüber nachdenken solltest, statt nur ein paar leere Zeilen auszufüllen. Ich möchte, dass du verstehst, was hineingehört, wohin es gehört und warum es dorthin gehört, und ich möchte, dass du ein tiefes Verständnis dafür entwickelst, wie man beim Buchmarketing kreativ denkt.

Wenn du bereit bist, bin ich so weit.

Hier beginnt das BESTe Buchmarketing

Wenn du deinen MAP (so nenne ich ab sofort deinen Buchmarketing-Aktionsplan) erstellst, solltest du diese zwei Dinge im Hinterkopf behalten:

Erstens: Dein Avatar (idealer Leser) ist alles. Effektives Buchmarketing bedeutet, dass du dich ausschließlich auf den idealen Leser deines Buches konzentrierst.

Ich weiß, das klingt so, als würde ich damit einen Schritt rückwärts machen, vor allem, wenn du dein Buch bereits veröffentlicht hast. Es lohnt sich aber immer, die Wahrheit zu wiederholen: Ein qualitativ hochwertiges Buch veröffentlicht zu haben, ist genauso grundlegend wie zu wissen, wer es lesen und davon profitieren wird.

In *Du MUSST ein Buch schreiben* rede ich davon, dass du wissen musst, für wen genau dein Buch ist – wer es lesen kann und sollte – und wie du dieser Person deine Inhalte auf den Leib schneiderst.

Da ist es doch nur sinnvoll, wenn du deinem Buchmarketing die gleiche Stoßrichtung verleihst, oder etwa nicht?

Falls du *Du MUSST ein Buch schreiben* noch nicht gelesen hast und dein Buch bereits veröffentlicht ist (oder auch noch nicht), bedenke das hier:

Kein Buch ist für „alle". Autoren tun gut daran, für ein gut definiertes Publikum zu schreiben. Und wer ein Buch vermarktet, tut gut daran, es an das gleiche gut definierte Publikum zu vermarkten.

Außerdem bekommst du weitaus bessere Ergebnisse, wenn du dich stärker konzentrierst.

Deshalb solltest du bei der Entwicklung deiner Gesamtstrategie und der Festlegung von spezifischen Taktiken immer deinen Avatar im Hinterkopf behalten.

Dadurch kannst du dir jedes Mal, wenn es darum geht, ob du etwas zu deiner Gesamtstrategie hinzufügen solltest, solche Schlüsselfragen stellen:

- Schaut dein Avatar die Fernsehsendung *Good Morning America* auf der Suche nach Buchempfehlungen?
- Würde die Person, die dich am häufigsten engagiert, eine Buchempfehlung von ihrem Zahnarzt, ihrem Pfarrer oder ihrem Anwalt annehmen?
- Wirst du öfter von Menschen angeheuert, die Meetings organisieren und Podcasts hören?

Es gibt Dinge, die klingen wie eine großartige Idee: „Genau, ich miete eine riesige Plakatwand an einer Ausfallstraße! Dann sehen Zehntausende von Pendlern mein Buch und werden es kaufen!" Aber stimmt das auch, wenn es ans Eingemachte geht?

Wird dein potenzieller Leser wirklich dort anknüpfen, wo du einen Anknüpfungspunkt hinterlegt hast? Anders ausgedrückt, werden deine besten potenziellen Leser dein Buch auch dort finden, wo du es teilst oder bewirbst?

Das sind nur ein paar Fragen, die dir aber massenhaft Zeit und Geld sparen können.

Zweitens: Die BESTen Buchmarketingstrategien. Nutze die BESTen Buchmarketingstrategien, um deine Marketingaktivitäten besser auszurichten, sodass du Buchverkäufe anziehst, statt sie zu erzwingen.

Ich habe das Akronym **BEST** entwickelt, damit du dir die Strategien leichter merken kannst, während du deinen Plan entwickelst.

B steht für „Businessorientiert". Deine Bücher kurbeln deine Marke an und helfen dir, dir neue Geschäfte zu erschließen. Jeder Aspekt deiner Marketingstrategien und -taktiken sollte darauf abzielen, aus deiner potenziellen Leserschaft eine mögliche Kundschaft zu machen.

Wenn du darüber nachdenkst, etwas zu deinem MAP hinzuzufügen, das nicht dazu passt, wie dein idealer Leser wahrscheinlich auf dein Buch aufmerksam wird, lass es lieber.

Wenn du dir nicht sicher bist, schreib es erst mal auf eine „Vielleicht"-Liste und nutze es zu einem anderen Zeitpunkt.

E steht für „Entschlossene und zielgerichtete Umsetzung". Das ist superwichtig! Aktivitäten zu finden, mit denen du deinen Plan füllen kannst, ist eine Sache, aber zu wissen, was du auch entschlossen und zielgerichtet umsetzen kannst und willst, ist eine ganz andere.

Möchtest du es tun? Passt es zu deiner introvertierten, extrovertierten oder ambivertierten Persönlichkeit? Ja? Okay, gut.

Kannst du es tun? Hast du die Zeit und das Geld dafür? Ja? Prima, weiter so!

Kannst du entschlossen vorgehen und es konsequent umsetzen, bis du bewerten kannst, ob es auch funktioniert?

Erfüllt es den Zweck, den du dir davon wünschst? Macht es Leser auf dein Buch aufmerksam, die dann dein Buch lesen und dich anheuern oder bei dir einkaufen?

Wenn du Taktiken bewertest und diese Fragen beantwortest, entscheide dich am besten für die, die du lauthals mit „Ja!" beantwortet hast. Wenn du unentschlossen bist oder dich bei einer Sache nicht wohlfühlst, notierst du sie am besten für einen anderen Zeitpunkt.

S steht für „Strategisch". Strategisch kommt gleich nach E. Ich mag es am liebsten, wenn das, was ich tue, aus verschiedenen Perspektiven strategisch ist: Hilft es meiner Leserschaft auf positive Weise, hilft es meiner Marke auf positive Weise und trägt es zu meinem Einkommen bei? Das sind aber nur drei Möglichkeiten.

Strategisch vorzugehen bedeutet, dass du die Dinge aus der Vogelperspektive betrachtest und einen längeren Zeitstrahl in den Blick nimmst, statt Dinge nur zu tun, um etwas getan zu haben oder um kurzfristig einen Vorteil zu erhalten.

T steht für „Toller Zeitpunkt". Ist es sinnvoll, etwas gleich zu tun, oder später, oder beides?

Eine Plakatwand zu mieten ist vielleicht sinnvoll für dein Buch (ist es nicht, das ist nur ein Beispiel – aber hör mir bitte weiter zu), aber wenn es 25.000 Dollar im Monat kostet, eine Plakatwand zu mieten, brauchst du ordentlich Kleingeld, um zu rechtfertigen, warum du 300.000 Dollar im Jahr für nur eine Marketingmethode ausgibst. Rechnen wir es doch mal durch: Um bei einer Investition von 300.000 Dollar deine Kosten zu decken, musst du 60.000 Bücher mit je 5 Dollar Profit verkaufen. *Nur, um die Kosten zu decken!* Dabei können wir noch gar nicht darüber nachdenken, wie deine Rendite aussehen würde, aber ich bezweifle, dass sie besonders beeindruckend wäre.

Du solltest immer an deine potenzielle Rendite denken, bevor du auch nur einen Euro oder eine Minute deiner Zeit in etwas investierst, selbst wenn du von beidem mehr als genug hast.

Wenn du deinen MAP erstellst, gleichst du jede mögliche Aktivität, über die du nachdenkst, mit diesen Kriterien ab. Dein bestes Buchmarketing muss den BESTen Buchmarketingkriterien zumindest standhalten, idealerweise sollte es sie sogar übertreffen.

Mit diesen Ideen im Kopf können wir jetzt die nächste Ebene unserer Diskussion über dein erfolgreiches Buchmarketing angehen.

Erfolgreiche Autoren haben ein Team

Inzwischen steckst du hoffentlich voller vorfreudiger Erwartung – das ist der Anfang eines wahren Verständnisses dafür, wie du dein Buch vermarkten (und verkaufen) kannst. Möchtest du dein Geschäft ausbauen? Dir eine zusätzliche Einkommensquelle erschließen? Vollzeitautor und -unternehmer werden? Eine eigentlich lukrative Stelle verlassen, an der dein Herz leider nicht hängt? Das ist egal!

Ich will nur, dass du dich begeistert fühlst und nicht nervös, eifrig statt ruhelos, glücklich statt unglücklich – und zwar immer –, wenn du daran denkst, was für dich und dein Buch als Nächstes kommt.

In diesem Kapitel findest du vier weitere zuverlässige Prozesse, die die Ergebnisse deiner Marketingaktivitäten exponentiell wachsen lassen werden. Das ist ein großes Versprechen, aber ich bin bereit, es einzuhalten.

Los geht's!

„Wer ist in meinem Team, Honorée?“

Eine gute Frage, die mir so ziemlich jeder Autor, mit dem ich je gearbeitet habe, irgendwann gestellt hat.

Du hast vielleicht schon den Verdacht, dass der Erfolg deines Buches nicht ausschließlich von dir abhängt, oder?

Möchtest du zuerst die gute Nachricht oder die schlechte?

Die schlechte? Oh, sorry, eine schlechte Nachricht gibt es gar nicht – nur eine gute und eine realistische.

Die realistische Nachricht zuerst:

Dein Buchmarketing besteht hauptsächlich aus *dir.*

Wenn ein Blockbuster ins Kino kommt, muss der Star des Films auf Pressetour gehen, mit Journalisten sprechen und immer wieder die gleichen Fragen beantworten.

Er kann nicht seinen Stuntman losschicken, um die wichtigste Arbeit zu erledigen, nachdem der Film abgedreht ist. Er muss den Film vermarkten und das tut er auch. Ohne seine volle Mitarbeit wird der Film ein Flop.

Wenn er dagegen alles gibt, stehen die Leute Schlange nach Popcorn (mit extra Pseudo-Butter bitte) und Erdnuss-M&M's (oder bin ich damit allein?) und schauen sich den Film an.

Will Smith habe ich schon erwähnt, aber das wissen auch alle anderen erfolgreichen Schauspieler und Entertainer.

Das Gesicht deines Buches und deiner Marke als Autor zu sein ist einfach Teil deines Jobs. Um genau zu sein ist es sogar der allerwichtigste Job, wenn du dein Buch erst einmal geschrieben hast.

Nebenbei bemerkt finde ich es übrigens großartig, dass ich jetzt neue Filme direkt von meiner Couch aus leihen kann – mit echter Butter im Popcorn, in der Jogginghose und mit allem drum und dran!

Denk daran: Ein Autor zu sein, der ein Buch vermarkten muss, ist nichts anderes. Viele Autoren wollen ihr Marketing an andere delegieren. Hätte ich einen Dollar für jedes Mal, wenn mir jemand gesagt hat: „Ich suche mir einfach eine PR-Agentur“ oder „Das macht mein Verlag“, hätte ich schon längst eine hübsche Wohnung in Paris.

Wenn du einen traditionell verlegten Autor fragst, wer sein Buchmarketing macht, bekommst du jedes Mal die gleiche Antwort: „Ich.“ Viele Autoren dachten einmal, jemand anders würde ihnen diese Aufgabe abnehmen, mussten dann aber (auf die schmerzhafte Tour) lernen, dass das nicht der Fall war.

Du, mein Freund, bist das, was diese ganze Operation antreibt. Ich möchte, dass du dich darauf vorbereitest, einen Ultraman zu machen (mehr oder weniger einen doppelten Ironman-Triathlon). Wenn du zwei Marathons laufen, 10 Kilometer schwimmen und 421 Kilometer Rad fahren müsstest, würdest du dir etwas tolle Musik auf die Kopfhörer holen, bequeme Schuhe anziehen und leckere Snacks einpacken.

Und außerdem würdest du trainieren ohne Ende. Die gute Nachricht ist, dass dein Training beim Buchmarketing darin besteht, deinen MAP vorzubereiten – das sollte dich nicht ins Schwitzen bringen.

Du musst dich darauf vorbereiten, dein Buch zu vermarkten. Wenn der Inhalt deines Buches nicht zeitlich begrenzt ist (z. B. *Wie man die letzten drei Monate des Jahrs 2020 überlebt*) solltest du dein Buch mindestens zehn Jahre lang vermarkten und verkaufen können. Die wirklich tolle Nachricht? Dein Buch kann sich Jahr für Jahr immer besser verkaufen, wenn du dich weiter darauf konzentrierst, es zu vermarkten. Schließlich ist es keine Avocado, die irgendwann schlecht wird. Und deine potenzielle Leserschaft ist praktisch unendlich.

Stell dir jeden Morgen die Frage: „Was kann ich tun und was kann getan werden, um mein Buch heute zu vermarkten?"

Dann schau auf deinen MAP und du wirst wissen, was du wann und warum tun solltest.

„Sonst noch wer?"

Hast du jetzt verinnerlicht, dass es an dir ist, die Speerspitze deines Buchmarketings zu bilden? Okay, prima. Dann ist jetzt Zeit für noch mehr gute Nachrichten. Jetzt traue ich mich, dir zu erzählen, wer noch alles auf deiner Ersatzbank sitzt.

Ich sehe schon, wie du gespannt den Atem anhältst, weil du hoffst, dass es wenigstens einen Bereich der Marketingarbeit gibt, in dem dir jemand anders einen Haufen abnehmen kann.

Ja, davon gibt es ein paar. Sie erklären sich weitgehend von selbst und wir haben noch einiges vor, also fasse ich mich kurz:

- **Ein Assistent.** Einen Assistenten zu haben, insbesondere einen, der sich um Podcasteinladungen und Vorträge kümmern kann, der Bilder für deine Social-Media-Auftritte machen kann (und sich auch um die Medienseite davon kümmert … mehr dazu im 5. Kapitel) und E-Mails an deine Leser schickt, ist ein Geschenk des Himmels. Ein Tipp: Achte bei der Einstellung auf die Persönlichkeit – Fähigkeiten kannst du ihm auch später noch beibringen.

- **Eine Social-Media-Marketingagentur oder ein Social-Media-Manager.** Die sozialen Medien sind im ständigen Wandel und fast täglich erscheint eine neue Sache, die man dort einfach mitmachen muss. Wenn du das Budget dafür hast, empfehle ich dir, dich zumindest mit dieser Möglichkeit zu beschäftigen. Auch hier ein Tipp: Bitte sie um Nachweise von Ergebnissen für Autoren, *die sind wie du*. Nachweise zu Belletristikautoren oder Experten in anderen Gebieten reichen hier nicht aus.

- **Eine PR-Agentur oder ein Medienexperte.** Ich bin nicht ganz überzeugt davon, dass eine teure PR-Agentur für Bücher die gleichen Resultate erbringen kann wie für andere Unterhaltungsmedien. Aber wenn du das Budget dafür übrighast, halte dich nicht zurück. Selbst als jemand, die einen siebenstelligen Betrag nach Hause bringt, gefällt mir die Vorstellung nicht, ein dickes Bündel Geldscheine anzuzünden, nur um zu sehen, wie schnell es verbrennt.
  Ich bin mehr der praktisch veranlagte Typ, deshalb mag ich die Arbeit von Mary O'Donohue. Sie war über zehn Jahre lang Postproduzentin bei der *Oprah Winfrey Show* und hilft Autoren als Social-Media-Coach, mehr mediale Aufmerksamkeit zu erhalten und das Beste aus jeder Minute davon zu machen. Du findest sie auf www.MaryOdonohue.com – sag ihr einen Gruß von mir!
  Traditionelle Medien führen zwar nicht immer zu einem sprunghaften Anstieg deiner Verkaufszahlen, aber du kannst die Logos, Artikel und Videos auf deiner Website nutzen, um deine Glaubwürdigkeit zu steigern. Diese Bestätigung durch außenstehende Quellen kann einen riesigen Unterschied machen. Das ist mir aufgefallen, weil mindestens einmal pro Woche jemand meinen TEDx Talk oder Kevin Kruses *Forbes*-Artikel über *Du MUSST ein Buch schreiben* erwähnt.

- Es gibt noch ein weiteres ideales Teammitglied, dem ich einen ganzen eigenen Abschnitt widmen will. Manche von euch wundern sich vielleicht in ein paar Absätzen, warum ich vorschlage, ihr solltet anderen Leuten dabei helfen, ihre Bücher zu vermarkten. Dabei ist es eigentlich ganz einfach: viele Hände, schnelles Ende. Wenn du vielen Leuten hilfst, hast du auch immer viele Leute, die dir helfen.

Also los: Bau dir eine Ersatzbank auf

Eine Ersatzbank aus Autorenfreunden, meine ich. Kultiviere langfristige, gegenseitig vorteilhafte Beziehungen zu anderen Autoren, dann wirst du nicht nur schneller und einfacher zum Erfolg finden, sondern auch jeden Tag mehr Freude daran haben.

Warum?

Andere Autoren verstehen, was du willst; sie sprechen eine Sprache, die nur andere Autoren verstehen. Möchte deine Frau oder dein Partner (der kein Autor ist, vielleicht nicht einmal ein Leser) mit dir den ganzen Tag nur über Bücher, Marketing und die Entwicklung neuer Einkommensquellen – also *Arbeit* – reden?

Nein. (Meiner auch nicht.)

Aber andere Autoren? Na klar!

Andere Autoren wissen Dinge, die du auch wissen solltest. Möchtest du die besten Apps zum Schreiben finden? Die besten Keywords und Kategorien für dein Buch festlegen können? Die beste Methode wissen, wie du eine bestimmte Person auf deiner Liste erreichst? Frag deine Autorenfreunde!

Andere Autoren machen all deine Kurven leichter. Lernkurven. Verbindungskurven. Glückskurven.

Mein Mann sitzt beim Abendessen geduldig dabei, wenn meine Mastermind-Autorenfreunde aus anderen Städten und Leute, die ich auf meinen Reisen kennengelernt habe, zu Besuch kommen.

Seine Themen sind Musik und Unterhaltung – wenn jemand bestimmte Musiker oder Bands, das Leben auf Tour oder die Arbeit im Backstage- und Technikbereich bei Veranstaltungen erwähnt, beginnt er zu strahlen wie ein Weihnachtsbaum. Wenn Bücherkram das Hauptunterhaltungsthema ist? Eher nicht.

Meine erste echte Autorenfreundegruppe habe ich bei einer Konferenz in Austin, Texas kennengelernt … sieben (sieben!) Jahre, nachdem ich mein erstes Buch veröffentlicht hatte. Als Autorin im Selbstverlag hatte ich damals einige Probleme damit, zu verstehen, ob mein Buch und ich etwas wert sind, aber ich wäre niemals auf die Idee gekommen, dass es auch noch andere Leute wie mich gibt.

Bitte warte nicht so lange wie ich, bis du Kontakte mit anderen Autoren knüpfst!

Ich sage es dir hier und jetzt: Es gibt wirklich viele andere Leute, die so sind wie du – und sie wollen sich gern bis zur Erschöpfung mit dir über das unterhalten, was du machst (egal, welchen Beruf du hast) und worum es in deinem Buch geht.

Du findest sie vielleicht nicht im nächsten Büro oder am Nachbarschreibtisch, aber ich kann dir versprechen, dass es viele sind und dass sie dich wahnsinnig gern kennenlernen und unterstützen wollen.

Auf deiner To-do-Liste, und bald auch auf deinem MAP, steht, dass du eine Liste von Bekannten erstellen solltest, die Autoren sind – in deinem Fachbereich und in anderen.

Hier sind ein paar Ideen, wo du Autoren finden kannst, die du kennen solltest:

- **Auf Bestsellerlisten.** Du schreibst ein Buch über Kinderwunsch und Familienplanung? Such bei Amazon und den großen Buchhandelsketten nach Büchern zum gleichen Thema. Hilfst du Leuten dabei, sich von einer Karriere im Großkonzern zu verabschieden und selbst Unternehmer zu werden? Konzentriere dich auf Bücher, die genau diese Zielsetzung haben.

- **Autorenkonferenzen und Messen.** Diese Veranstaltungen gibt es in groß (Buchmessen, *20Booksto50K, ThrillerFest, NINC*), klein und online.

- **Buchläden.** Wie wäre es, wenn du dich in deinem örtlichen Buchladen für den Newsletter einträgst und die Autoren unterstützt, die für Lesungen und Signierstunden dort auftauchen?

- **Gruppen, zu denen du schon gehörst.** Als Mitglied des Rotary Clubs und des Beirats des *Family & Children's Service* bin ich bereits in der guten Gesellschaft von einem Dutzend anderer Autoren.

Du fragst dich jetzt sicher, wie du Kontakte zu ihnen knüpfen kannst. Bevor du diese Liste liest, solltest du dir allerdings schon mal klarmachen, dass die meisten Autoren großartige Menschen sind, die wissen (aus echter Erfahrung!), wie es sich da draußen anfühlt. Sie werden viel eher dazu bereit sein, dir zu helfen, dir zu erzählen, was bei ihnen gut funktioniert, und dich zu ermutigen, als du jetzt vielleicht denkst. Vertrau mir einfach!

- Die erste Methode ist einfach: Wenn du einen Autor kennenlernst, gib dich selbst als Autor oder angehender Autor zu erkennen. Damit schließt du schneller Freundschaften als ich diesen Satz tippen kann.

- Kauf ihr Buch und verfasse eine Rezension dazu – und schick ihnen dann eine E-Mail darüber.

- Oder schreib ihnen einfach so eine E-Mail. Ich habe Dutzende Male Autoren angeschrieben, die ich bewundere oder deren Bücher ich gelesen und gemocht habe, und die sich dann zurückgemeldet haben. Jetzt sind wir Freunde. Das ist ein bisschen zeitaufwändig, aber es ist einfach und macht sehr viel Spaß.

- Folge ihnen auf den sozialen Netzwerken. Die ersten zehn Mal, die du ihre Posts likest oder kommentierst, können sie deinen Namen vielleicht noch nicht zuordnen. Aber bleib dran, ich kann dir versprechen, dass sie auf so etwas achten.

- Melde dich für ihren Newsletter an und antworte ihnen mit einem Kommentar, einer Frage oder einer Ermutigung, wenn es für dich passt.

Das sind nur ein paar Ideen. Irgendwann wirst du feststellen, dass ihr am gleichen Ort seid, dass ihr euch zufällig über den Weg lauft, und dass ihr Zeit für eine Tasse Kaffee – und mit sehr viel Glück auch für einen leckeren Kuchen – habt.

Das kann der Beginn einer wunderbaren Freundschaft sein. Bei Licht betrachtet gilt das für alle dieser Ideen – sie können und werden zu wunderbaren Freundschaften führen!

Wenn du ein Buch geschrieben hast, aber bisher noch kein Team und keine Ersatzbank hattest, kannst du damit jetzt sofort anfangen. *Heute noch.* Damit ist auch nicht viel Rätselraten verbunden, weil ich die Einzelheiten (Schritte, die du unternehmen musst) in deiner Matrix und in deinem MAP aufgeführt habe. Und jetzt ist es endlich an der Zeit, sie näher zu betrachten und deinen eigenen Plan zu entwerfen.

Bis du bereit? Ich bin es jedenfalls.

Erfolgreiche Autoren haben große Pläne!

Mit einem tollen Buch, einem großartigen Team und jeder Menge Kreativität kannst du einen Buch-MAP erschaffen, der deinem Buch garantiert einen echten Höhenflug beschert!

Erstelle deinen Marketing-Aktionsplan

Im ersten Kapitel habe ich zum ersten Mal darüber gesprochen, dass du den Erfolg deines Buches nicht dem Zufall überlassen solltest. Im Lauf der Jahre habe ich die Werkzeuge, die ich gleich mit dir teilen werde, zusammengestellt und immer weiter verfeinert – den Buch-MAP und insbesondere die Matrix. Hoffnung ist zwar sehr wichtig, aber sie ist keine Buchmarketingstrategie!

Als visuell und strategisch veranlagte Person half es mir enorm, meinen MAP zu basteln und tatsächlich sehen zu können – nicht nur dabei, ihn zu erstellen, sondern auch dabei, ihn immer ganz weit vorn im Sinn zu haben (weil ich ihn ausdrucken und jederzeit zur Hand nehmen kann).

Die Buchmarketing-Matrix

Hier sind noch einmal die vier Aspekte deiner Matrix: *Veröffentlichen und Weiterverwerten, Vertrieb, Werbung* und *Verkauf.* Wenn du dir meine Matrix noch einmal anschauen möchtest, findest du sie im zweiten Kapitel.

Schauen wir uns diese vier wichtigen Bestandteile deines Buchmarketings mal etwas genauer an und sprechen wir sie einzeln durch.

Bevor wir loslegen, möchte ich dir empfehlen, dir einen Notizblock oder ein Tagebuch zu holen oder ein neues Dokument in Word zu öffnen, damit du die Ideen gleich festhalten kannst, die dir in den Sinn kommen, während ich mich hier hindurchfräse.

Außerdem solltest du dich darauf einstellen, dass dieser Prozess dir sehr viel Spaß machen wird.

Veröffentlichen und Weiterverwerten

Die ersten zwei, drei oder vier Felder in der ersten Spalte gehören den Formaten, in denen du dein Buch veröffentlichen willst.

Ich lege immer zuerst fest, in welchen Formaten ich mein Buch veröffentlichen will – normalerweise mindestens als E-Book und als Taschenbuch. Dir würde ich empfehlen, auch mindestens diese beiden Formate zu wählen.

Ich hatte das große Glück, dass Rob Actis, die Stimme der *Miracle-Morning*-Buchserie, viele meiner Bücher eingelesen hat. Am liebsten stelle ich sehr früh sicher, dass er das Buch, an dem ich gerade arbeite, auch machen kann, und kontaktiere ihn deshalb so früh im Prozess wie möglich.

Hörbücher sind ein schnell wachsendes Segment auf dem Buchmarkt. Immer mehr Leute entdecken sie für sich. Sie machen es leicht, ein Buch zu „lesen“: beim Sport, bei der Hausarbeit oder im Auto.

Wenn du erwartest, dass dein Buch dir neue Kundschaft verschafft und diese Kundschaft einen ordentlichen Preis für deine Dienstleistung bezahlen soll, kann es nicht schaden, wenn du dein Buch auch in gebundener Form veröffentlichst.

Wenn du die ersten drei oder vier Felder erst einmal ausgefüllt hast, kannst du die restlichen Felder dazu nutzen, dir zu überlegen, wie du die Inhalte des Buches in anderen Formaten und/oder für Marketingzwecke neu verpacken kannst.

Diesen Teil liebe ich! Hier darf ich kreativ werden und darüber nachdenken, wie meine zukünftige Leserschaft meine Arbeit finden wird, damit ich hoffentlich irgendwann die Chance haben werde, sie kennenzulernen und mit ihnen zusammenzuarbeiten.

Dafür visualisiere ich meine Leserschaft und versuche, mir vorzustellen, was sie gern greifbar hätten, um das, was ich ihnen erzähle, in die Tat umzusetzen. Diese Lektion wurde für mich sehr schön fassbar, als ich zum ersten Mal eine E-Mail von einer Leserin von *Prosperity for Writers* bekam.

Sie schrieb: „Es wäre wirklich schön, ein Journal zu haben, in dem ich diese Übungen machen kann. Bisher habe ich ein Notizbuch benutzt, aber könntest du dir vorstellen, ein Journal zu machen?"

Es überrascht dich jetzt vielleicht nicht besonders, dass ich sofort damit anfing, das *Prosperity for Writers Productivity Journal* zu entwerfen. Und rate mal, wem ich das erste Exemplar davon als Geschenk geschickt habe?

Wenn du ein Begleitbuch, einen Planer oder ein Journal zu deinem Buch erstellen möchtest, schreib es in eins der Felder.

Wenn es sinnvoll ist, eine ganze Serie aus deinem Buch zu machen, also zum Beispiel noch mehr Bücher zum Thema aus einer anderen Perspektive zu schreiben oder einen bestimmten Aspekt deines Themas noch weiter zu vertiefen, schreib es in die passende Anzahl Felder.

Wie du in meiner Matrix siehst, habe ich ein zusätzliches Buch (das *I Must Market My Book Workbook*) aufgeschrieben, das zu diesem hier gehören soll.

Im Nachhinein wäre es sinnvoll gewesen, hier gleich eine ganze Serie einzutragen, als ich *Du MUSST ein Buch schreiben* schrieb, aber im Rückblick ist man immer schlauer, stimmt's?

Glaub jetzt bitte nicht, dass dir die Ideen alle sofort wie von Zauberhand zufliegen werden (auch wenn das durchaus passieren kann). Manche von ihnen (wie dieses Buch) erscheinen erst mit etwas Verspätung.

In diese Spalte schreibe ich außerdem Methoden, wie ich meine Inhalte für Marketingzwecke wiederverwenden und neu verpacken kann. Zum Beispiel, indem ich einen Nationalen Buchmarketingmonat ausrufe (den März … Ich weiß, ich weiß, Alliterationen sind nun mal mein Ding), YouTube-Videos drehe, in denen ich Auszüge oder ganze Kapitel vorlese oder eine Initiative starte, dieses Buch einem Autor zu schenken, den man liebt.

Hier gibt es keine richtige oder falsche Herangehensweise. Wichtig ist eigentlich nur, dass *du es machst.*

Vertrieb

Wenn du über mögliche Vertriebskanäle nachdenkst, solltest du dabei sinnvollerweise auch bedenken, was die besten Orte für deine Leser sind, um dein Buch zu kaufen, und wie sie es lesen werden.

Global, national oder lokal?

Ich habe Matt Feret geholfen, sein Buch *Prepare for Medicare* zu erschaffen. Es war sinnvoll, dieses Buch auf Amazon U.S. zu veröffentlichen und es zum Teil des KDP Select-Programms zu machen (für Abonnenten von Kindle Unlimited – dazu später mehr). Da Medicare ein Programm ist, das sich ausschließlich an Bürger der USA wendet, lag unser Hauptfokus für dieses Buch auch auf den USA. Allerdings haben wir uns trotzdem entschieden, es auch weltweit zu veröffentlichen.

Warum weltweit? Weil viele US-Bürger gar nicht im Inland, sondern auf der ganzen Welt verteilt leben, die aber vielleicht eines Tages nach Hause kommen wollen und dann über ihre Medicare-Bezüge Bescheid wissen sollten. Auch unser Militär ist auf der ganzen Welt verteilt, ebenso wie viele Leute, die für US-basierte Unternehmen arbeiten. Deshalb war es sinnvoll, das Buch für alle an ihrem aktuellen Wohnsitz über Amazon verfügbar zu machen, wo möglich.

Ein anderes Buch, an dem ich mitgearbeitet habe, und für das ich eine Verschwiegenheitsklausel unterschreiben musste (deshalb nenne ich hier keinen Titel oder Autorennamen), war für das Unternehmen eines Herrn, der seine Dienstleistungen ausschließlich in seiner unmittelbaren Umgebung anbietet. Bei einem Honorar von 5.000 Dollar pro Monat pro Klienten und einem Fünfjahresvertrag war jeder neue Kundenkontakt 300.000 Dollar wert. Diese Kundschaft konnte allerdings nur aus seiner eigenen Stadt und den drei Nachbarstädten stammen. Das Buch, das wir produzierten, war kurz, ungefähr 15.000 Wörter lang, kleinformatig (10 x 7 cm) und ausschließlich auf seine geographische Umgebung fokussiert.

Unser Marketingplan konzentrierte sich ausschließlich darauf, dass er sein Buch verschenkte und seine Strategiepartner dahingehend

„trainierte", wie und wann sie es ebenfalls verschenken sollten. Über dieses Konzept habe ich schon in *Business Dating: Applying Relationship Rules in Business for Ultimate Success* geschrieben, im 9. Kapitel erzähle ich dir aber noch mehr dazu.

Er kauft immer je 5.000 Bücher auf einmal und verteilt sie, so schnell er kann. Irgendwann hat er sein Buch auch als E-Book auf seine Website gestellt und den Link in seine E-Mail-Signatur aufgenommen, sodass jetzt jeder kostenlosen Zugriff darauf hat und automatisch der E-Mail-Liste für seinen Newsletter hinzugefügt wird. Über E-Mails reden wir im nächsten Kapitel noch genauer.

Zu dem Zeitpunkt, an dem ich das hier schreibe, ist es sechseinhalb Jahre her, dass wir sein Buch herausgebracht haben, und er hat vielleicht 1.000 Exemplare davon verkauft (und das auch nur, weil manche Leute darauf bestehen, ihm Geld dafür zu geben). Aber hier ist der lustige Teil: Er hat über das Buch direkt mindestens 77 neue Kunden gewonnen.

Du brauchst jetzt nicht zum Taschenrechner zu greifen: Er hat durch das Buch über 23 Millionen Dollar direkt verdient und durch Weiterempfehlungen und wiederkehrende Kundschaft noch viel mehr. Er musste neues Personal einstellen und sein Büro vergrößern (dreimal!). Heute schwört er, dass ein Buch zu veröffentlichen das Zweitbeste ist, was er je für sein Unternehmen getan hat – und das Beste war, es kontinuierlich zu nutzen, um für sein Unternehmen zu werben!

Ist es für dein Buch sinnvoll, in alle Welt vertrieben zu werden? Oder ist es sinnvoller, wenn du dich auf ein kleineres, klar umrissenes Gebiet beschränkst? Willst du es in jeder großen Kette und jedem kleinen, unabhängigen Buchladen sehen? Oder möchtest du es über deine eigene Website verkaufen, wie Joanna Penn es macht (schau mal auf www.CreativePennBooks.com vorbei)? Und sollten deine Strategiepartner es verkaufen oder weiterverschenken?

Die letzte Frage bringt uns zum Thema „Verkauf in Großmengen“, dazu kommen wir später noch. *Musst du sonst noch etwas bedenken, wenn es um den Vertrieb deines Buches geht?*

Werbung

Ich sehe Werbung (und Verkauf) als Bindeglied(er) zwischen Veröffentlichung, Vertrieb und dem, was ich tue, um mein Buch an eine potenzielle Leserschaft zu bringen.

Warum? Weil du nicht mehr viel an den ersten beiden Spalten (Veröffentlichen & Weiterverwerten und Vertrieb) herumschrauben musst, wenn sie erst einmal stehen. Dann kannst du dich ausschließlich auf die Schritte konzentrieren, die du unternehmen musst, um dein Buch in die Hände und Herzen deiner Leserschaft zu bringen.

„Ein Buch, das stillsteht, ist Geld, das stillliegt;
ein Buch in Bewegung ist Geld in Bewegung.“
Honorée Corder

Was du willst, ist ein Buch *in Bewegung.*

Die Spalte „Werbung“ ist wieder mal eine Spalte, die ungeahnte kreative Möglichkeiten in sich trägt. Es gibt mindestens zwei fantastische Orte, an denen du Werbung für dein Buch machen kannst: AMS (Amazon Marketing Services) und BookBub. Diese beiden bringen allerdings eine steile Lernkurve mit sich und verlangen ein Budget, Geduld und Stetigkeit (und die Bereitschaft, sich ab und zu – eigentlich sogar ziemlich oft – auf Veränderungen und neue Versionen einzustellen).

Vermutlich gibt es außerdem die Möglichkeit für dich, dein Buch in Fachpublikationen, in Magazinen und Zeitschriften, die peripher zu deinem Beruf gehören und vielleicht sogar in solchen, die ein anderes deiner Interessensgebiete abdecken, zu bewerben.

Würde ich Golf spielen, würde ich in Betracht ziehen, eine Anzeigenkampagne für *Du MUSST ein Buch schreiben* in verschiedenen Golfzeitschriften zu schalten. Golfer sind normalerweise Geschäftsleute, die irgendwann in ihrem Leben ein Buch schreiben wollen.

Du kannst dein Buch auch auf den sozialen Medien bewerben – darüber reden wir später noch einmal.

Ich bin ein Riesenfan davon, mich als Gast in Podcasts einladen zu lassen, und ich plane auch, in Kürze meinen eigenen Podcast anzufangen. Bisher war ich in über 500 Podcasts zu Gast. Wenn du gern über das Thema deines Buches sprichst, kannst du über Podcasts Tausende von potenziellen Lesern, manchmal sogar noch mehr, erreichen.

Konferenzen sind gerade wieder sehr in. 2021 habe ich selbst zum ersten Mal einen *Empire Builders Summit* geleitet und habe bis heute auf ungefähr einem Dutzend Interviews gegeben. Die richtigen Konferenzen sind eine tolle Gelegenheit, dich zu deinem Thema in beste Gesellschaft zu begeben und in der gleichen Woche von einer Menge neuer Leute entdeckt zu werden.

BookFunnel ist mein absoluter Lieblingskanal (und mein einziger), über den ich meine neuen Bücher mit meinem Advanced Reader Team teile. Es ist außerdem eine großartige Plattform, Gruppenpromos mitzumachen oder selbst zu veranstalten, um deine E-Mail-Liste auszubauen. Zu Beginn deiner Autorenreise solltest du dich allen Promos anschließen, die für dich sinnvoll sind. Du kannst dich dafür eintragen, jedes Mal eine Benachrichtigung zu erhalten, wenn eine neue Promo stattfindet. Der Nachteil daran ist, dass du keine Kontrolle darüber hast, wer sonst noch bei einer Promo mitmacht. Manchmal stammen die anderen Bücher in einer Promo von Autoren, die nicht viel Werbung für sie machen können oder wollen, dann bringt die ganze Aktion nicht viel.

Wenn du dich ein bisschen auskennst, kannst du deine eigene Promoaktion ausrichten und sie zielgerichtet gestalten, indem du Autoren aus deinem eigenen Genre oder Wissensgebiet bittest, mitzumachen. Das macht Marketing einfacher und effektiver. Eine gemeinsame Promoaktion mit bestimmten anderen Autoren und Büchern regt außerdem den Algorithmus von Onlineshops an, dein Buch öfter als „Kunden kauften auch" zu empfehlen und es so organisch an potenzielle Leser zu vermarkten.

Verkauf

Jetzt hast du es bis zu den Verkaufskanälen und der Frage geschafft, wie, wo und manchmal auch wann du dein Buch tatsächlich verkaufen wirst.

Ist es für dich sinnvoller, deine Bücher persönlich und direkt oder in Großmengen zu verkaufen? Oder vielleicht sogar beides?

Aus meiner „Verkauf"-Spalte kannst du ablesen, dass mein Fokus für dieses Buch darauf liegt, es in die Hände von Autoren und zukünftigen Autoren zu bringen. Ich habe meine Spalte mit dem gefüllt, was für mein Buch Sinn ergibt. Du kannst das, was ich mache, als Rezept für dein eigenes Vorgehen nutzen.

Da es in deinem Buch aber wahrscheinlich nicht um Buchmarketing gehen wird, hätte ich hier noch ein paar andere Möglichkeiten für, sagen wir, ein Buch mit inspirierenden Geschichten.

Rufe den „Nationalen Tag der Überwinder" aus und verkaufe dein Buch an diesem Tag und am darauffolgenden Wochenende zu einem reduzierten Preis. Lade Leute ein, es mit Menschen zu teilen, die es gerade schwer haben, weil sie sich zum Beispiel scheiden lassen, den Verlust eines geliebten Menschen verarbeiten müssen, sich gesundheitlichen Herausforderungen stellen müssen oder vor Kurzem ihre Arbeitsstelle verloren haben. Triumphgeschichten können hilfreich sein und inspirieren.

Schreib einen Vortrag und halte ihn beim Rotary und beim Lions Club. Das Publikum wird dich und dein Buch lieben und es dir vor Ort aus den Händen reißen.

Du könntest dein Buch auch in Großmengen an Krankenhäuser verkaufen, in denen Menschen gegen schwere Gesundheitsprobleme ankämpfen, Krebs zum Beispiel, oder neue Gliedmaßen und Gelenke (Knie und Hüften zum Beispiel).

Vielleicht hast du noch nicht daran gedacht, dein Buch in Spezial- oder Geschenkläden in deiner Stadt (oder deinem Stadtviertel, wenn du in der Großstadt lebst) zu präsentieren. Davon gibt es in kleineren Städten meistens zumindest ein paar, in Großstädten gibt es Dutzende davon. Ich habe inzwischen festgestellt, dass sie alle sehr aufgeschlossen gegenüber lokalen Autoren sind.

Da die Botschaft deines Buches allgemeingültig ist, könntest du dich auch nach einem Agenten für Auslandsrechte umsehen oder sogar Verlage im Ausland direkt kontaktieren, um herauszufinden, ob sie dein Buch in ihrer Sprache veröffentlichen wollen. Egal, welche Sprache jemand spricht, wir brauchen alle Ermutigung in unserer Muttersprache – und dafür gibt es garantiert einen Verlag!

Ein weiteres Beispiel: Ein Buch darüber, wie man als Angestellter seine eigene Steuererklärung macht, wird sich im ersten Quartal des Jahres am besten verkaufen (und dann noch mal im August und September an die Nachzügler, die die verlängerte Frist bis zum 15. Oktober einhalten müssen).

Wenn du beruflich Vorträge hältst, wirst du dein Buch nach deinem Vortrag an einem Büchertisch verkaufen wollen. Vielleicht betätigst du dich auch als Sponsor für Konferenzen und Events, bei denen du einen Stand hast, an dem du dein Buch verkaufen oder sogar verschenken kannst.

Ich empfehle dir, immer ein Exemplar (oder fünf) deines Buches bei der Hand (und definitiv in einer Schachtel in deinem Auto) zu haben, damit du jedes Mal eines verkaufen kannst, wenn sich die Gelegenheit ergibt.

Allerdings solltest du eine Frage geklärt haben: Willst du dein Buch an Leute verschenken, die potenziell deine Kunden werden könnten, oder willst du es einfach verkaufen? Was du in welcher Situation tust, hängt von dem Ergebnis ab, das du dir im Endeffekt wünschst.

Weil ich rund um fast jedes Buch, das ich veröffentlicht habe, ein ganzes Ökosystem aufgebaut habe, tendiere ich dazu, Bücher zu verschenken, wenn sich mir die Gelegenheit bietet. Mir ist es lieber, jemand kauft den begleitenden Planer, meldet sich für den Kurs an oder engagiert mich sogar als Coach oder Vortragende für seine Gruppe, als dass ich zwanzig Dollar mehr in der Tasche habe.

Vielleicht liegt dein Fokus ja aber auch auf dem Verkauf von Büchern; in dem Fall kann der Verkauf von Großmengen eine großartige Chance für dich sein. Großmengenverkäufe haben in manchen vergangenen Jahren bis zu 20 % meines Gesamteinkommens ausgemacht. Dabei ist die Marge hoch und wenn man erst mal ein System erschaffen hat, kann es eine einfache, lukrative und schnelle Methode sein, Geld zu verdienen.

Eine Großmenge kann bei 10 Büchern anfangen und bis zu 100.000 und darüber hinaus umfassen. Es gibt keine Grenzen! Durch Print-on-Demand-Services über Amazon oder IngramSpark bekommst du einfach dein Geld und sie kümmern sich um den Druck und den Versand des Buches. Den gleichen Prozess kannst du aber auch über eine unabhängige Druckerei laufen lassen.

Die Matrix ist nur der Anfang!

Warum erzähle ich dir all das? Noch einmal: Hier geht es hauptsächlich darum, dir zu helfen, Buchmarketing kreativ zu denken. Ich möchte dir einen Einblick geben, wie ich über das Marketing jedes Buches, das ich schreibe, nachdenke, damit du dein Buch im Geiste in verschiedene Szenarien platzieren kannst und so das findest, was perfekt dafür funktionieren wird. Außerdem will ich, dass du dich ermächtigt fühlst, kreativ über dein Buchmarketing nachzudenken, weil kreatives Denken das ist, was dein Buch in Bewegung hält und neue Kundschaft in Bewegung zu dir und deinem Business setzt.

Wenn du deine Matrix erstellt hast, schnapp dir erst mal eine frische Tasse Tee oder einen Cocktail und klopf dir selbst auf die Schulter. Du hast einen der wichtigsten Bestandteile eines erfolgreichen Buchmarketings geschafft.

Als Nächstes gehen wir den Rest deines Buchmarketing-Aktionsplans an. Und wenn du *das* erst mal geschafft hast, ist der Erfolg deines Buches so gut wie garantiert.

Buchmarketing-Aktionsplan

Dein Buchmarketing-Aktionsplan (dein „MAP“) ist eigentlich ganz unkompliziert, aber er besteht aus mehr als einem halben Dutzend Elementen. Der gesamte Plan geht über 15 Seiten. Mein komplettes Beispiel und eine leere Fassung des Plans zum Selbstausfüllen findest du im *I Must Market My Book Workbook.*

Hier sind die einzelnen Bestandteile und wie ich darüber nachdenke, wenn ich meinen MAP zusammenstelle:

Buchmarketing in Aktion: Dieser Abschnitt bestimmt, wie viel Zeit und Geld du in das Buch investieren willst. Ich beantworte dafür zwei scheinbar einfache Fragen:

1. Wie viel Zeit (täglich/wöchentlich) wirst du dem Buchmarketing widmen?

2. Wie viel Geld hast du für das Buchmarketing zur Verfügung?

Ich sage „scheinbar", weil dein Buch dir *zusätzliche Kosten in Zeit und Geld* beschert – zusätzlich zu allem anderen, was du sowieso schon am Laufen hast.

Für diese Diskussion nehme ich mal an, dass du nicht über unabhängigen Reichtum verfügst und den ganzen Tag auf einem Kissen durch die Gegend getragen wirst, während eine Masse von Dienstboten sich um die niederen Arbeiten kümmert, sodass du jeden Tag unendlich viele Stunden Zeit hast, dein Buch zu vermarkten.

Falls das auf dich doch zutreffen sollte, sollten wir uns dringend einmal unterhalten. Dann muss ich nämlich unbedingt wissen, wie du das geschafft hast.

Aber ich schweife ab.

Ich nehme außerdem an, dass du entweder einen Vollzeitjob oder dein eigenes Unternehmen hast, ebenso wie Freunde und Familie, die dich ab und zu sehen wollen und die du auch gerne mal siehst, außerdem die üblichen finanziellen Verpflichtungen, sodass für dich (wie für alle Menschen) sowohl Zeit als auch Geld kostbar sind.

Mit diesen Annahmen im Hinterkopf möchte ich dich bitten, die beiden Fragen so anzugehen:

1. Habe ich jeden Tag Zeit, einen oder mehrere der Schritte auf meinem MAP zu schaffen – zum Beispiel einen Newsletter zu schreiben, etwas in die sozialen Netzwerke zu posten, ein Interview für einen Podcast zu geben oder sogar selbst eine Folge für meinen aufzunehmen? Wenn ja, wie viel Zeit habe ich dafür und wann wird das stattfinden? Oder sollte ich meine verschiedenen Aktivitäten alle zusammen auf einen Tag legen? Und wie viel Zeit habe ich dann an diesem Tag dafür?

2. Wie viel Geld habe ich, das ich fürs Buchmarketing nutzen kann?

Die Geldfrage habe ich erst mal hängen lassen, weil du erst wissen wirst, wie viel Geld du brauchst oder willst, wenn du ein paar Seiten weitergelesen hast.

Das liegt daran, dass man zwar auf jeden Fall *etwas* Geld fürs Buchmarketing braucht, aber wie viel du investieren musst, kann drastisch variieren. Du kannst es ganz sparsam angehen (zum Beispiel über BookFunnel digitale Exemplare deiner Bücher verschenken, was dich 100-150 Dollar im Jahr kosten sollte) oder eine höhere Summe ausgeben, wenn du zum Beispiel 10-Dollar-Hardcover-Bücher mit Schutzumschlag verschenkst und sie regemäßig an potenzielle Einkäufer im ganzen Land verschickst.

Vielleicht hast du gar kein Werbebudget, vielleicht gibst du aber auch 100 Dollar am Tag für Facebook, BookBub oder AMS aus.

Ich behandle jedes meiner Bücher wie ein eigenes kleines Business, dem mein Unternehmen das „leiht", was es benötigt, bis es selbst einen Profit abwirft. Normalerweise bin ich bei Veröffentlichung meines Buches schon um die 10.000 Dollar in den roten Zahlen, also halte ich mein Marketingbudget überschaubar, bis ich in den schwarzen ankomme.

Weil ich jedes Buch als ein kleines Business unter dem Schirm meines größeren Unternehmens betrachte, weiß ich, dass das Buch meine Investition schnell wieder ausgleicht, insbesondere mit dem richtigen MAP.

Bevor du dein Budget zusammenstellst, möchte ich gerne noch einmal auf mein Beispiel von vorhin zurückkommen:

Ich habe das *I Must Write My Book Workbook* kurz nach *Du MUSST dein Buch schreiben* veröffentlicht. Anfragen nach einem Kurs führten dazu, dass ich das auf den Markt brachte, was inzwischen *Publishing Ph. D., Building a Million Dollar Book Business* und das *Empire-Builders*-Mastermind-Event ist. Dieses Buch, das begleitende Arbeitsbuch und der Kurs *Book Marketing Mastery* wurden allesamt Teil eines gemeinsamen Business und stehen zusammen unter einem weiteren Schirm – dem meines gesamten Unternehmens.

Das habe ich nicht von Anfang an so geplant – aber ich wünschte, ich hätte es getan! Dann hätte es nicht sechs Jahre gedauert, bis jeder dieser Aktivposten am richtigen Fleck war.

Was mir aber an Zukunftsplanung fehlte, glich ich dadurch aus, dass ich den Brotkrumen konsequent folgte: Ich achtete auf Rezensionen, auf die Antworten auf meine E-Mails, die unverlangten Nachrichten und E-Mails und darauf, wonach die Leute fragten. Meine Leserschaft wollte mehr Informationen darüber, wie man ein Buch schreibt, was dazu führte, dass ich den Kurs entwarf. Sie wollte einen Platz, wo sie ihre Ideen einfangen, ihren Zeitplan aufzeichnen und ihre Fortschritte festhalten konnten – das führte zu dem Arbeitsbuch.

Wenn ich auf Konferenzen sprach, redete ich vom „Glücksrad", auch bekannt als „Methoden, deine Inhalte neu zu verpacken und andere Einkommensquellen zu erschließen". Das brachte mich dazu, *Building a Million Dollar Book Business* zu erschaffen.

Und schließlich erwähnte ich irgendwann, ich dächte darüber nach, eine Mastermind-Gruppe zu gründen und jemand sagte: „Wenn du das machst, bin ich dabei!" Die *Empire-Builders*-Mastermind-Gruppe besteht jetzt schon das fünfte Jahr und ich plane, sie noch mindestens fünf weitere Jahre lang weiterlaufen zu lassen.

Das Einzige, was ich bedauere, ist, dass ich nicht früher daran gedacht habe, sie zu gründen!

Aber meine Erfahrung und nachträgliche Sicht auf die Dinge kann dir jetzt als Vorausschau dienen.

Also siehst du jetzt sicher, warum diese zwei kleinen Fragen im Großen und Ganzen gar nicht so klein sind. Ich investiere zwar mehrere tausend Dollar in jedes meiner Bücher, aber das ist nur ein winziger Tropfen im Vergleich zu den Renditen, die ich dadurch erziele.

Mein Vorschlag ist folgender: Erstelle deinen MAP und komm dann noch einmal auf diese beiden Fragen zurück und beantworte sie zum zweiten Mal, wenn du einen etwas breiteren Blick hast. So mache ich es zumindest.

Der Buchmarketingplan vor der Veröffentlichung

In diesem Buch geht es um Buchmarketing, also gehe ich davon aus, dass du dein Buch bereits veröffentlicht hast. Bevor ich fortfahre, gestatte mir bitte, kurz zu erklären, warum ich mit dem Plan vor der Markteinführung hier nicht ins Detail gehen werde.

Manche von euch ärgern sich vielleicht darüber, dass ich eine ganze Philosophie dazu habe, wie man ein Buch vor der Veröffentlichung am besten verpackt, in diesem Buch aber nichts dazu sagen werde. Ich hoffe, du bist nicht enttäuscht, falls dieses Buch das erste Mal ist, das wir uns begegnen. Keine Sorge, ich habe ein paar Ressourcen für dich, die dir weiterhelfen werden.

Mehr über meine Philosophie erzähle ich in *Du MUSST ein Buch schreiben*, unter anderem deshalb, weil sie so komplex ist. Noch mehr Einzelheiten erfährst du in meinem Kurs *Publishing Ph. D.* – und wenn du dich für das Bonusmaterial zu diesem Buch registrierst, bekommst du dort unter anderem einen Rabattgutschein von 500 Dollar Nachlass auf den Kurs.

Auch wenn sich in diesem Buch alles um Buchmarketing dreht, beginnt dein Buchmarketing wie bereits erwähnt in der Sekunde, in der du anfängst, dein Buch zu schreiben, und geht mit der Markteinführung weiter. Ich würde dir wirklich empfehlen, den Kurs mitzumachen, in dem wir jedes noch so kleine Detail aus jedem möglichen Blickwinkel betrachten.

Es ist sinnvoll, Ziele für dein Buch zu setzen. Ich setze mir Ziele für jedes Buch, die beeinflussen, wie viel bzw. oft und wie weit ich das entsprechende Buch vermarkte.

Da dein Buch bereits auf dem Markt ist, schlage ich vor, du nimmst dir Zeit, dir Ziele für die nächsten 90 Tage (oder das erste Jahr) zu setzen. Diese Schritte umzusetzen ist eine hervorragende Methode, um neue Leser für dein Buch zu finden (egal, wie lange es schon veröffentlicht ist). Ein Buch, das schon länger erhältlich ist, hat vielleicht nicht die gleiche Zugwirkung wie ein nagelneues Buch, aber du kannst deiner Begeisterung dafür definitiv neues Leben einhauchen und neues Interesse dafür entfachen, wenn du seiner Vermarktung wenigstens einen winzigen Teil deiner Aufmerksamkeit widmest.

Hier sind beispielsweise meine Ziele für dieses Buch:

- Ziel Nr. 1: 15 Rezensionen mit mindestens 3,5 Sternen (Durchschnitt) zum Zeitpunkt der Veröffentlichung
- Ziel Nr. 2: 100 Rezensionen (bis 23. März 2023)
- Ziel Nr. 3: 500 Podcast-Interviews

Im Beispiel-MAP im Bonusmaterial zu diesem Buch findest du ein bisschen mehr zu dieser Seite.

Buchmarketing während der Veröffentlichung: Tag 1–30

Ab der offiziellen Markteinführung meines Buches konzentriere ich mich für die ersten 30 Tage auf zwei Ziele:

1. Was ist mein tägliches Verkaufsziel?
2. Was muss ich täglich tun?

Die Erfahrung hat mich gelehrt, dass ich irgendwann keine Lust mehr haben werde, mehrere Aktivitäten für das Buch zu unternehmen, ganz zu schweigen von der Tatsache, dass ich oft irgendwann nicht mehr genug Zeit habe, mich hauptsächlich darauf zu konzentrieren, weil ich ja auch noch andere Verpflichtungen habe. Das könnte dir auch passieren.

Aber in den ersten dreißig Tagen bin ich gerne bereit, mich ein bisschen mehr auf das neue Buch zu konzentrieren, auch wenn dadurch andere Dinge ein wenig aus dem Gleichgewicht geraten, weil ich weiß, dass diese Einführungsphase schon bald wieder vorbei sein wird. Was ich in den darauffolgenden Monaten und Jahren für das Buch tun kann, ist außerdem bei Weitem nicht so viel wie in den ersten 30 Tagen. Im ersten Monat konzentriere ich mich laserscharf auf die Verkaufsergebnisse, die ich von meinem Buch erwarte, und darauf, was ich dafür zu tun bereit bin.

Insgesamt solltest du dir sowieso ein tägliches Verkaufsziel setzen und es aufzeichnen. Am besten schreibst du es jeden Morgen als Dankbarkeits-Affirmation auf:

Ich bin so glücklich und dankbar, dass ich heute 50 Bücher verkaufen werde!

Du könntest sogar so weit gehen, dass du so weiter machst:

Mein Buch verbreitet sich wirklich rasant, erhält jeden Tag neue Rezensionen und hinterlässt so viel Eindruck, wie ich mir immer vorgestellt hatte.

Wer meine anderen Bücher gelesen hat, weiß bereits, dass ich fest daran glaube, dass es helfen kann, Dinge geschehen zu lassen, wenn man sie aufschreibt. Wenn du neu dabei bist, vertrau mir an dieser Stelle einfach. Du wirst überrascht davon sein, was dabei herauskommt.

Gleichzeitig glaube ich aber auch daran, dass es nicht ausreicht, sich etwas zu wünschen, man muss sich dafür auch ins Zeug legen. Um die gewünschten Ergebnisse zu erreichen, musst du nachhaltig, zielgerichtet und konsequent handeln.

Dafür wähle ich jeden Tag sieben Dinge aus, die ich tun muss (oder die meine Assistenz für mich erledigt). Die Sieben stammt dabei aus einem Gespräch, das ich einmal mit Jack Canfield geführt habe – er und Mark Victor Hansen machten jeden Tag sieben Dinge, die dafür sorgten, dass *Hühnersuppe für die Seele* sich 2008 zur bestverkauften Taschenbuchserie aller Zeiten entwickelte.

Schau dir noch einmal an, wie viel Zeit und Geld du im Abschnitt „Buchmarketing in Aktion“ für dein Buch zu investieren bereit warst. Diese Parameter werden dich zu den Aktionen führen, die am zeit- und kosteneffizientesten sind. Du musst auch nicht unbedingt sieben Dinge tun – es reichen auch fünf oder drei oder eins. Bevor du dich entscheidest, schau dir noch einmal deine Ziele an und achte darauf, dass deine Aktionen und deine Ziele zusammenpassen.

Ein letzter Gedanke: Ich habe erwähnt, dass wir manchmal einen Zeitblock an einem einzelnen Tag haben, an dem wir uns auf unsere Buchmarketingaktivitäten konzentrieren. Ich arbeite sehr gern mit Zeitblöcken und -einheiten, deshalb mache ich das auch so.

In diesem Fall sind Tools, die dir das Vorplanen erlauben, dein Freund: Nutze Tools, mit denen du Social-Media-Posts im Vorhinein aufsetzen kannst und die Newsletter zu einer bestimmten Zeit verschicken, und leg Interviews und andere Medienanfragen auf den gleichen Tag (wenn möglich), sodass du einfach alles vorbereiten kannst und dich danach nicht mehr darum zu kümmern brauchst.

Buchmarketing ab Tag 31 – für immer

Und dann wachst du eines Tages auf, gerade, wenn du das Gefühl hast, du hättest jetzt alles im Griff, und stellst fest, dass der erste Monat schon vorbei ist. Wahrscheinlich bist du zwar ziemlich erschöpft, aber auch überglücklich, dass du jetzt ein Autor bist, dessen Ergebnisse zeigen, wie viel Mühe er sich gemacht hat.

Du wirst schon gemerkt haben, dass diese Seite für dieses Buch (und für alle meine Bücher) sehr ähnlich aussieht wie die Seite davor und die Aktionsschritte.

Außerdem hast du bestimmt schon die Worte „für immer" bemerkt. Dein Buch ist (immer noch) keine Avocado – es wird nicht schlecht. Wenn deine Inhalte nicht zeitspezifisch sind, kannst du dein Buch *für immer* verkaufen.

Auch hier solltest du noch einmal darüber nachdenken, wie viel Zeit und Geld du zur Verfügung hast und wie viel von beidem du bereit bist, in dein Buch zu stecken.

Wenn dein Buch das macht, was du von ihm erwartest – ich nehme mal an, du willst, dass es dir neue Kundschaft und bessere Geschäfte verschafft – und du merkst, dass es funktioniert, solltest du bei den Aktionsschritten bleiben, die für dich funktionieren (zur Analyse kommen wir später noch).

Die Buchmarketing-Aktionsschritt-Checkliste

In diesem Teil meines MAP erstelle ich eine Masterliste von Aktionsschritten – denen, die ich in meiner Matrix bereits gefunden habe –, die ich täglich oder wöchentlich ausführen möchte.

Worauf ich mich besonders konzentriere, ist Leserbindung – die Social-Media-Plattformen, auf denen ich mich umtue, meine E-Mail-Liste, Leser, die Rezensionen verfassen und andere Autoren und Experten.

Letzten Endes steht bei jedem Aktionsschritt, den ich durchführe, am Ende die Frage, ob er Auswirkungen auf meine Buchverkaufszahlen und auf aufgebaute Beziehungen hat. Selbst wenn „alle anderen" eine bestimmte Taktik anwenden (und damit unter Umständen beträchtliche Ergebnisse erzielen), streiche ich sie von meiner Checkliste, wenn sie nicht zu mir passt und/oder für mich nicht funktioniert.

Was du auf meiner aktuellen Checkliste für dieses Buch siehst, ist eine Liste von Aktionsschritten, die *für mich* bei den letzten Büchern ganz wunderbar funktioniert haben. Denk daran, dass sie auch für andere Autoren gut funktioniert haben und das auch für dich tun können – ich hoffe, sie tun es! Aber wenn du etwas auf der Liste siehst, gegen das du eine fast körperliche Abneigung hast (zum Beispiel, Online-Seminare abzuhalten), dann lass es lieber.

Lies dir die Masterliste aller Möglichkeiten durch (du kannst auch noch ein bisschen weiter recherchieren und andere Aktionsschritte finden), such dir die aus, die dir am besten gefallen und von denen du glaubst, dass sie dir und deinem Buch etwas bringen, und dann leg los und setze sie in die Praxis um!

Wenn du damit fertig bist, sollten wir anfangen, über dein Netzwerk nachzudenken.

Kontakte: Du bist wert, was dein Netz wert ist

Die nächsten paar Seiten deines MAP widmen sich deinen Kontakten. Hier sind ein paar Fragen, die deine Kreativität ankurbeln sollten:

- Wen kennst du, der dein Buch gebrauchen könnte?
- Wen kennst du, der denen, die dein Buch gebrauchen könnten, Dienstleistungen anbietet?

Du hast vielleicht mehrere Kategorien, hier gibt es keine richtige oder falsche Zahl. Offensichtlich hast du mehr Chancen, wenn du auch mehr Kategorien hast.

Auf der anderen Seite musst du dich aber auch mit mehr Menschen verbinden, wenn du mehr Kategorien hast, also musst du auch mehr Arbeit aufwenden, um dich effektiv mit allen Leuten in diesen Kategorien zu verbinden.

Für dieses Buch gehe ich die Sache erst mal relativ einfach an (zumindest zunächst). Hier sind meine Kategorien; du kannst sie entweder auch benutzen oder dir deine eigenen ausdenken:

Klienten/Kunden, die von diesem Buch profitieren könnten. In meinem Geschäft sind das natürlich die Studenten in meinen anderen Kursen, aktuelle und ehemalige Mitglieder der Mastermind-Gruppe und alle, die auf der Mailingliste meines Newsletters stehen (Autoren und angehende Autoren).

Auf deiner Liste solltest du deine ganze Kundschaft, aktuell und vergangen, aufschreiben, ebenso wie Kollegen, die die gleiche Klientel bedienen. Letzten Endes ist jeder, dem du schon einmal dein Wissen und deine Expertise angeboten hast, eine gute Person, die mit anderen über dein Buch sprechen kann.

Mitglieder der Branche. Ich kenne jede Menge Leute in der Buchbranche, vor allem Leute, deren Dienstleistungen sich an Autoren richten (Lektoren, Grafikdesigner, Ghostwriter, Texter, Agenten, Verleger usw., um nur ein paar zu nennen). Die kommen alle auf meine Liste.

Wen gibt es in deiner Branche, der das Gleiche macht wie du und damit die gleiche Klientel anspricht? Wenn diese Leute kein Buch veröffentlicht haben (und selbst wenn sie es schon getan haben), können ihr Publikum, ihre Fans oder ihre Klienten von deinem Buch profitieren.

Wäre es dann nicht sinnvoll, deinem Publikum ihr Buch vorzustellen (doch, das ist sinnvoll!) und gleichzeitig einen Weg zu finden, dein Buch bei ihrem Publikum anzubringen? Bücher und Buchmarketing sind nie ein Nullsummenspiel.

Lass mich kurz von der Buchbranche weggehen und stattdessen ein traditionelles Business-Beispiel beschreiben. Ein Anwalt für Unternehmensrecht arbeitet für Unternehmen (hör mir erst mal zu, bevor du die Augen verdrehst), ebenso wie Buchhalter, Banken, Makler für Geschäftsflächen, Versicherer und Finanzberater (und natürlich noch viele andere).

Wer arbeitet also für die gleichen Leute wie du? Schreib eine Liste der verschiedenen Kategorien von Mitgliedern deiner Branche, dann schreib für jede Kategorie eine Liste von Leuten, die du schon kennst.

Strategische Partner. Das sind ähnliche Leute wie die Mitglieder deiner Branche, aber nicht ganz die gleichen. Diese Menschen bieten der gleichen Kundschaft Dienstleistungen an wie du, aber sie stehen nicht mit dir in Konkurrenz und werden vermutlich gern mit dir zusammenarbeiten (wenn sie es nicht schon längst tun).

Auf dieser Liste finden sich Leute, die nicht genau deinen idealen Leser oder Kunden ansprechen, die aber großartig sind und mit denen du zusammenarbeiten willst und für die du ebenso werben würdest wie sie für dich.

Schreib erst mal nur eine Namensliste, so wie für die Mitglieder der Branche. Gleich bekommst du auch noch ein paar Aktionsschritte dazu.

Andere Autoren – genau wie du! Hier sind die Leute, die Bücher zum gleichen oder einem ähnlichen Thema geschrieben haben wie du. Diese Leute solltest du wirklich unbedingt kennen, und sie dich auch – oder sie sollten zumindest schon mal von dir gehört haben und dich als ernstzunehmende Person auf ihrem Gebiet wahrnehmen.

Wie ich in diesem Kapitel schon erwähnt habe, ist es großartig, Kontakt zu anderen Autoren zu haben. Viele meiner heutigen Autorenfreunde habe ich schon lange bewundert, bevor wir Freunde wurden. Keine Sorge, ich erzähle dir gleich, was genau ich dir zu tun empfehlen würde, um diese Beziehungen zu entwickeln.

Bist du zufrieden mit deiner Liste? Prima! Dann kommt jetzt, was du mit jeder einzelnen Person auf deiner Liste tun kannst. Du wirst feststellen, dass es ganz ähnlich ist, wie eine Autoren-Ersatzbank aufzubauen.

- Suche online nach ihnen. Melde dich für ihren Newsletter an oder registriere dich auf ihrer Website. Antworte mit positiven Gedanken, Ermutigungen oder einer Frage auf ihren Newsletter. *Bring dich auf großartige Weise auf ihren Radar!*

- Verbinde dich auf LinkedIn mit ihnen. Die meisten Geschäftsleute haben dort ein Profil, selbst wenn sie nicht besonders aktiv sind. Folge ihnen auf Instagram, Facebook oder Twitter (bzw. X) – überall, wo du auch unterwegs bist.

- Kauf ein Buch, das sie geschrieben haben, oder zwei oder drei. *Was? Sie haben ein Buch zu deinem Thema geschrieben? Super! Zitiere einen Abschnitt daraus in deinem Buch – ich verspreche dir, sie werden es lieben!*

- Wenn du die Bücher gelesen hast, schreib eine Rezension dazu auf der Plattform, über die du es gekauft hast, und stell sie am besten auch noch gleich bei Goodreads ein.

- Wenn du erst einmal Kontakt hergestellt hast, biete ihnen an, ihnen ein Exemplar deines Buches zu schicken. *Wenn du sie in deinem Buch erwähnt hast, schick es ihnen einfach so zu. Achte darauf, die Seite zu markieren, auf der sie erwähnt sind, das Buch zu signieren und sowohl eine Widmung ins Buch zu schreiben als auch einen kurzen, handgeschriebenen Brief beizulegen.*

- Irgendwann wird es passend sein, anzubieten, sich auf Zoom zu treffen (du kannst ihnen einen Link zuschicken, damit es zu deinem Zeitplan passt) oder sogar gemeinsam Kaffee trinken zu gehen. Ich hatte schon einige tolle Treffen zum Kaffee, Mittagessen oder Abendessen mit Leuten, die in meiner Nähe wohnen – oder wir trafen uns, wenn unsere Reisen uns so nah zueinander geführt haben, dass es passte. Ja, das kostet Zeit, aber die ist es so was von wert. *Nichts geht über ein persönliches Gespräch, wenn man eine Beziehung vertiefen will.*

- Das ist vielleicht der wichtigste Tipp von allen: Rede von ihnen und ihrem Buch (oder ihren Büchern), wenn es für dich sinnvoll ist. Empfiehl ihr Buch in deinem Newsletter und auf den sozialen Netzwerken. Interviewe sie für deinen Podcast, teile das Interview und sag während des Interviews nette Dinge über sie und ihr Buch.

Bevor du jemanden kontaktierst, solltest du dir überlegen, welche Beziehung ihr bereits zueinander habt – habt ihr vielleicht schon eine gute Beziehung geknüpft und versteht euch gut? Oder musst du erst noch ein bisschen an eurer Beziehung arbeiten, bevor du sie um Hilfe bei der Vermarktung deines Buches bittest?

Nebenbei bemerkt gibt es wenig, was ärgerlicher ist, als nur von jemandem zu hören, wenn er etwas von einem braucht (das kennst du sicherlich, oder?), also wende dich bitte nicht nur an Leute, um sie zu bitten, dein Buch zu kaufen oder dir bei der Vermarktung zu helfen. Das hier ist eine Liste von Leuten, mit denen du bereits fest (oder zumindest lose) beruflich oder privat befreundet bist (oder es gerne wärst!) und die sich darüber freuen würden, jetzt von dir zu hören.

Ein letzter Hinweis in diesem Abschnitt: Ich habe ja schon erwähnt, dass ich bereits ein ganzes Buch zu diesem Thema geschrieben habe: *Business Dating*. Darin findest du einen kompletten Plan, wie man langfristige, gegenseitig befruchtende Win-Win-Beziehungen kultiviert (wenn das dein Ding ist). Erfolg im Buchmarketing (und im Leben) passiert nicht einfach so. Er geschieht, wenn er mit Absicht erschaffen wird, und eine wunderbare Gruppe von Menschen auf deiner Ersatzbank und auf deiner Seite zu haben, macht den Erfolg nur umso süßer.

Soziale Netzwerke

Als Nächstes betrachten wir den Teil deines MAP, der sich mit sozialen Netzwerken befasst.

Wenn die sozialen Medien dir gar nicht liegen sollten, *musst du das nicht machen*. Wenn du genau hinsiehst, wirst du merken, dass ich diesen Abschnitt zwar hier im Buch bespreche, dass er in meinem MAP aber nicht auftaucht.

Warum nicht? Weil die sozialen Netzwerke für mich nur Spaß sind. Ich nutze sie nicht besonders oft für mein Geschäft, nur gelegentlich, wenn Geschäftspartner oder die Kundschaft mich darum bitten.

Viele Autoren schwören auf ihre Instagramposts, ihre TikTok-Videos und darauf, dass sie konsequent auf LinkedIn posten (zu dieser Kategorie gehöre ich auch). Ich habe aber auch persönlich mit Autoren zusammengearbeitet, die fast gar keine Präsenz in den sozialen Medien unterhalten, außer vielleicht einem sehr mageren LinkedIn-Profil, deren Bücher sich aber durchaus gut verkaufen.

Weil die sozialen Netzwerke sich ständig verändern, könnte dieser Abschnitt zwar lang und detailliert sein, aber ich habe mich entschieden, mich lieber kurz zu fassen. Du bist ein kluger und ehrgeiziger Autor, also kann ich es dir selbst überlassen, die Social-Media-Plattform deiner Wahl zu finden, zu untersuchen und zu meistern. Hier sind nur ein paar Tipps:

- Mach es dir einfach. Denk nicht zu viel darüber nach, was du machst. Du brauchst keinen komplexen Zeitplan, wann du etwas posten willst. Die Leute mögen es, wenn du authentisch rüberkommst und ihnen tolle Informationen bietest. Wenn du dabei auch noch unterhaltsam bist, gibt das Bonuspunkte.

- Fass dich kurz. Damit meine ich, dass du nicht zu viel Zeit darauf verwenden solltest. Ich kann mein Handy zur Hand nehmen und nur „kurz“ Instagram aufmachen, und drei Stunden später starre ich immer noch darauf. Naja, nicht ganz, aber ich habe schon jede Menge Zeit in sozialen Netzwerken verbracht, die ich an anderer Stelle nötiger gehabt hätte.

- Hol dir Beratung von hervorragenden Experten. Die einzige Plattform, auf die ich mich für Buchmarketing und Kundenansprache konzentriere, ist LinkedIn, und die Expertin meiner Wahl ist Brynne Tillman, „LinkedIn-Flüsterin“ und CEO von *Social Sales Link.* Sie bietet einen oder zwei Kurse an, mit denen man seine Effektivität auf LinkedIn verbessern kann, und sie ist selbst eine Meisterin darin. Brynne ist einer der Menschen, bei denen ich mir wünschte, sie würden gar nicht mehr aufhören zu reden, wenn ich ihnen zuhöre und von ihnen lerne. Auf LinkedIn erfährst du hier mehr über sie und kannst sie kennenlernen: www.linkedin.com/in/brynne-tillman.

Mundpropaganda: deine Grundlagenarbeit

Du hast mich vielleicht schon mal sagen hören, dass persönliche Empfehlungen die wichtigste Methode sind, durch die man neue Bücher und/oder Autoren findet.

Mundpropaganda ist unschlagbar.

Deine Grundlagenarbeit ist die Kombination deiner Interaktionen in den sozialen Medien und den Medien, in denen du auftauchst.

Damit meine ich allerdings nicht die sozialen Medien, von denen ich im letzten Abschnitt gesprochen habe.

Sozial

Wenn ich in diesem Abschnitt „sozial“ sage, meine ich damit die echten, persönlichen Kontakte, die du aktuell hast oder die du in der Vergangenheit mal hattest.

Denk an deine Schulfreunde, Kommilitonen oder Kollegen an ehemaligen Arbeitsstätten. Diese Sozialkontakte können bei dir vor der Haustür wohnen oder an Orten, wo du früher einmal gewohnt hast – ich habe immer noch starke Netzwerke in Honolulu, Las Vegas, Austin, Dallas und New York, weil ich den Kontakt zu Leuten dort seit 30 Jahren und mehr halte.

Bitte beachte, dass ich nicht dafür plädiere, du solltest dein Buch herausbringen und „alle“ bitten, es zu kaufen. Meine wissenschaftlich belegte Methode für erfolgreiche Aktionsschritte rund um die Markteinführung beschreibe ich im Detail im Kurs *Publishing Ph. D.* Wenn du sichergehen möchtest, dass du die Algorithmen von Onlineshops für organische Langzeitverkäufe ankurbeln willst, solltest du dir diesen Kurs anschauen. Damit endet dieser Werbeblock, aber wenn ich das hier nicht erwähnt hätte, hätte ich das Gefühl, hier würde etwas fehlen.

Schauen wir uns jetzt mal diese Liste an, die dich vielleicht auf Ideen bringt:

- **Persönliche Freunde vor Ort und in der Ferne.** Wer wohnt Tür an Tür mit dir und wer hat es früher einmal getan? *Deine Freunde werden dir helfen, dein Buch zu vermarkten!* Meine beste Freundin hat Exemplare von *Miracle Morning für Lehrer* in Schulen in ihrer Stadt gebracht. Dieses Buch kann überall Schülern beim sozial-emotionalen Lernen helfen und sie unterstützen, und meine beste Freundin ist nicht die Einzige, die hilft, es zu verbreiten.

- **Berufliche Kontakte vor Ort und in der Ferne.** Auf dieser Liste findest du vielleicht ein paar Leute, die auch schon auf einer anderen Liste in deinem Plan stehen. Wenn du zweimal an jemanden gedacht hast, ist es mehr als doppelt so wahrscheinlich, dass du ihn kontaktieren solltest (*grins*).

- **Gute Zwecke.** Bist du im Beirat oder arbeitest du ehrenamtlich für irgendwelche Organisationen? Wenn ja, sind die Chancen gut, dass du dort schon tolle Kontakte geknüpft hast.

- **Spirituelle und religiöse Kontakte.** Wer gemeinsam mit dir betet, kann ein wundervoller, wertvoller Kontakt sein.

- **Hobbys, Interessen und Vereine.** Meine Hobbys sind Fitness, Feng Shui und Französisch (wobei ich irgendwann auch noch ein paar andere Fremdsprachen lernen will). Darüber habe ich Leute auf der ganzen Welt kennengelernt, mit denen es gar nicht ums Geschäft ging, und unter ihnen Leser und Kunden gefunden. Das kann dir auch passieren.

- **Die Nachbarschaft – ja, deine Nachbarn.** Man unterschätzt leicht, wie wichtig es sein kann, die Nachbarn zu kennen, also Kontakte am eigenen Wohnort zu haben, selbst wenn dein Business zum größten Teil weltweit ausgerichtet ist (wie meines).
  Du weißt einfach nie, welche Magie geschehen kann, wenn du dich (und vielleicht auch dein Buch oder deine Bücher) bei den Nachbarn vorstellst.

- **Warte, es gibt noch mehr!** Ich bin sicher, es gibt eine Kategorie von Leuten, mit denen du in regelmäßigem Kontakt stehst, an die ich gerade nicht denke – aber du schon! Schreib sie auf die Liste!

Jetzt hast du wahrscheinlich eine *seitenlange* Liste von Namen – und das kannst du damit anfangen:

- **Stell ihnen eine E-Mail zur Verfügung** (zum Beispiel die am Ende des Buch-MAP-Beispiels) **und bitte sie, sie an 5 oder 10 Leute zu schicken, von denen sie glauben, sie hätten Interesse daran**. Denk mal darüber nach – wenn du 50 Leute auf deiner Liste hast, und wahrscheinlich hast du weit mehr als 50, und jeder von ihnen erzählt 5 Leuten von deinem Buch, hast du 250 neue Leute erreicht, denen direkt empfohlen wurde, sich dich und dein Buch einmal anzuschauen. Cool, oder?

- **Kauf 100 Exemplare deines Buches** (wenn dein Budget es zulässt) **und verschenke sie**. Enge Freunde und Familienmitglieder werden eines wollen. Du bist jetzt ein berühmter Autor und die Leute, die dir nahestehen, wollen damit angeben können.

- **Nimm immer Bücher mit, wenn du zu sozialen, vereinsmäßigen oder geschäftlichen Treffen gehst.** Ich nehme mir jedes Mal bewusst vor, die perfekte Person zu finden, der ich mein Buch schenken kann. Dieser Teil macht mir immer besonders viel Spaß.

- **Verschicke deine eigene E-Mail und frage, wer ein Exemplar haben möchte – zum Behalten oder zum Weitergeben.** Du wirst überrascht sein, wer alles gern dein Buch haben und weitergeben wollen wird.

- **Sprich mir nach:** *Ein Buch, das stillsteht, ist Geld, das stillliegt. Ein Buch in Bewegung ist Geld in Bewegung – und ich halte mein Buch in Bewegung.* Dann setz dein Buch in Bewegung.

Medien

Bisher kenne ich noch niemanden, der mir erzählt hat: „Ich habe heute die TODAY Show eingeschaltet, um dort das nächste Buch zu finden, das ich lesen will."

Trotzdem kann man sagen, dass eine Erwähnung in traditionellen Medien sein kann wie ein Expresszug zu deinem Wunschziel. In „neueren" Medien wie Podcasts oder Blogs erwähnt zu werden, kann außerdem dazu führen, dass du Kontakt zu deiner Leserschaft knüpfst.

Und wie bereits erwähnt bieten beide Arten von Medien hervorragende Bestätigung durch Dritte.

Ich bin schon in vielen verschiedenen traditionellen und nicht-traditionellen Medien aufgetreten und jeder dieser Auftritte hat meine Marke weiter aufgebaut und mir mehr Leser und mehr Business gebracht.

Allerdings muss ich zu etwas Vorsicht warnen, wenn es darum geht, in die traditionellen Medien und auch manche Podcasts zu *kommen*. Es ist leider eine Tatsache, dass das ganz ordentliche Summen kosten kann.

Selbst wenn du einen hohen siebenstelligen Betrag im Jahr verdienst, würde ich dir nicht empfehlen, dass du einer PR-Agentur Geld in den Rachen wirfst, damit sie dich in den traditionellen Medien platziert, ohne es gut durchzudenken. PR-Firmen können Tausende oder sogar Zehntausende von Dollar kosten – *pro Monat*. Um diese Kosten zu decken, musst du eine Menge Bücher verkaufen.

Wenn du dein Buch nutzt, um neues Business zu generieren, kann selbst eine beträchtliche Investition in einen Medienauftritt am

Ende wie ein Rundungsfehler aussehen. Ich möchte nur sicherstellen, dass du alle Seiten der Gleichung gut durchdenkst, bevor du dich für eine Vorgehensweise entscheidest. Hier sind ein paar Dinge, die du tun kannst, um deine Ausgaben überschaubar zu halten und gleichzeitig eine möglichst hohe Reichweite zu erreichen:

- **Engagiere einen Mediencoach für Autoren.** Ich habe sie zwar schon erwähnt, aber ich möchte es hier auch noch mal tun: Mary O'Donohue ist eine ehemalige Postproduzentin bei der Oprah Winfrey Show und bietet heute einen gut durchdachten Prozess an, in dem sie nicht nur die richtigen Medien findet, sondern auch unter allen Gesichtspunkten das Beste aus ihnen herausholt. Wenn du ihren Kurs mitmachst oder dich persönlich von ihr beraten lässt, bist du in null Komma nichts auf dem richtigen Weg.

- **Werde Podcastgast.** Versuche, bei fünf Podcasts der Woche anzufragen (bis sie anfangen, bei dir anzufragen), mit dem Ziel, am Ende in einen oder zwei Podcasts pro Woche eingeladen zu werden. Am Ende solltest du meiner Erfahrung nach in 500 Podcasts zu Gast gewesen sein. Es kann sein, dass du fünf Jahre brauchst, bis du in 500 Podcasts aufgetreten bist, aber wenn die Sache erst mal in Schwung ist, kann sie zum Selbstläufer werden. Du wirst lieben, was es für die Nachhaltigkeit deines Buchmarketings und deiner Verkäufe tut!

- **Schreibe Gastbeiträge für Blogs.** Mich erreichen immer noch Anfragen von Leuten, die einen Gastbeitrag für mich schreiben wollen. Ich nehme sie zwar nicht an und schreibe auch selbst keine, aber viele Leute sehen das anders. Wenn es für dich in Ordnung ist, ein bisschen kostenlos zu schreiben, und wenn du einen Blog mit einer ordentlichen Reichweite findest, das sich an deinen idealen Leser wendet, würde ich sagen, lasst dir die Chance nicht entgehen!

Der Rest des Plans

Die letzten Seiten deines MAP bestehen aus vermischten, aber nicht unwichtigen Teilen deiner Buchmarketingarbeit. Kurz zusammengefasst geht es um diese:

- Dein Buch „aussäen". Seit mein allererstes Buch erschienen ist, habe ich meine Bücher an Orten „gepflanzt", wo ich hoffte, die perfekte Person könne sie finden. Ich habe sie in Arztpraxen, Flugzeugen und Cafés gelassen. Ein paar Mal war ich sogar so frech, welche in Buchläden zu lassen, in der Hoffnung, der Laden würde sie verkaufen und neu nachbestellen. (Das funktioniert übrigens wirklich, aber heutzutage schafft man es auch in den Buchhandelsvertrieb, wenn man über IngramSpark veröffentlicht und im Buchladen darum bittet, dass ein Exemplar fürs Regal bestellt wird.)

- Einen Social-Media-Post für Freunde und Familie vorformulieren.

- Eine E-Mail schreiben, die deine Kontakte nutzen können, um die frohe Kunde von deinem Buch zu verbreiten.

- Eine Liste von Podcasts anlegen, in denen du gern zu Gast wärst.

Okay, damit haben wir eine ganze Menge geschafft. Du hast ganz schön viel gelesen, um zu verstehen, wie dein Buchmarketingplan zusammenkommen kann, und vielleicht hast du auch schon eine erste Version deines Plans erstellt. Jetzt mach mal eine Pause, aber wenn du bereit dafür bist, gehen wir den Aufbau deiner Mailingliste an und reden über ein paar Tools, die dein Leben leichter machen. Blätter einfach um, wenn du soweit bist!

Der Buchmarketing-Werkzeugkasten & andere Hilfsmittel

Alle erfolgreichen Autoren, die ich kenne, haben einen Werkzeugkasten. In diesem Werkzeugkasten befinden sich verschiedene Dinge, die zu ihrem Erfolg beigetragen haben:

1. Eine Mailingliste
2. Mindestens ein Tool, das ihnen hilft, schneller und besser zu schreiben
3. Eine Website
4. Ihre Lieblings-Schreibsoftware
5. Kaffee *grins*

Für diejenigen unter euch, die das erste Werkzeug gesehen und innerlich das Gesicht verzogen haben, habe ich ein paar beruhigende Worte.

Aufbau und Maximierung einer Mailingliste

Fangen wir erst mal mit der Frage an, warum eine Mailingliste überhaupt so wichtig ist. Schließlich sollte man meinen, dass die sozialen Medien der beste Ort sind, um mit potenziellen Lesern in Kontakt zu treten. Oder etwa nicht?

Ich will nicht abstreiten, dass soziale Medien *für manche Autoren* besonders reizvoll sind, aber wenn du nicht zufällig der Erfinder eines sozialen Netzwerks bist, *hast du keine Möglichkeit mehr, deine Fans zu kontaktieren, wenn mit dem Netzwerk etwas passiert.*

Lies das ruhig nochmal. Es ist wichtig. Ich warte so lange hier.

Okay, ich verstehe, dass du vielleicht 300.000 Leute in deiner privaten Facebookgruppe hast. Hast du nicht? Ich auch nicht. Aber warte mal einen Moment.

Was passiert, wenn dein Account gehackt wird, wenn deine Gruppe gelöscht wird, weil sie gegen eine der Plattformrichtlinien verstößt, die sich ständig ändern, oder wenn sich der Algorithmus ändert, sodass jetzt nur noch bezahlte Werbung zählt? Wenn du deine Fans nicht auf deine Mailingliste überführt hast, ist ganz egal, wie viele von ihnen du hast.

Außerdem ist das, was sowohl in sozialen Netzwerken als auch auf einer Mailingliste zählt, *die Bindung*. Aber dazu kommen wir später noch.

Ich sage es also noch mal (und das nicht, um diejenigen von euch, die erst sieben Leute auf ihrer Mailingliste haben, in Panik zu versetzen): *Das Einzige, was dir gehört, ist deine Mailingliste.* Deine Aufgabe ist es, sie zum Wachsen zu bringen. Sie zu pflegen. Sie zu kuratieren. Sie, wenn nötig, auszumisten.

Mein Freund Tim Grahl, Autor des Buches *Your First 1000 Copies*, das ich dir unbedingt ans Herz legen möchte, redet viel über Mailinglisten und Autoren und davon, wie wichtig es für Autoren ist, eine Mailingliste zu haben. Er hat mit Dutzenden von Autoren zusammengearbeitet, deren Bücher sich auf den Bestsellerlisten der *New York Times* finden – und seine wichtigste Strategie ist es, ihnen zu helfen, ihre Mailingliste zu erweitern.

Ich erinnere mich an einen Vortrag, den Tim vor ein paar Jahren bei meinem *Empire-Builders*-Mastermind-Event gehalten hat. Er sagte darin, man solle sich jeden Tag zwei Fragen stellen:

- Was kann ich heute tun, um meine Mailingliste zu erweitern?
- Sorgt das, was ich tue, dafür, dass meine Mailingliste wächst?

Wenn du so schlau bist, wie ich glaube, muss ich diesen Punkt nicht mehr allzu oft wiederholen. Aber lass mich noch eines dazu sagen: Der beste Zeitpunkt, um eine Mailingliste aufzubauen, war vor 10 oder sogar 20 Jahren.

Wenn du dich bisher aber noch nicht darum gekümmert hast, ist der zweitbeste Zeitpunkt *heute*. Also legen wir los!

Eine Liste anlegen und erweitern

Wenn du bisher noch keine Mailingliste hast, ist dieser Abschnitt für dich. Wenn du dagegen schon Zehntausende von Namen auf deiner Liste hast, kannst du ihn getrost überspringen.

Finde einen Provider. Das Erste, was du brauchst, ist ein Provider für Mailinglisten – einen mit einem guten Ruf, der von möglichst vielen E-Mail-Services als „freundlich“ erkannt wird.

Wenn du einfach nur jede Menge E-Mails von deinem eigenen Account verschickst (so, wie ich es in den ersten Jahren gemacht habe, bevor ich es besser wusste), landen deine E-Mails nur im Spamordner, was natürlich nicht Sinn und Zweck der Übung ist.

Es gibt Dutzende von Providern. Ich nutze aktuell ConvertKit, nachdem ich jahrelang AWeber benutzt hatte. Außerdem gibt es noch Mailchimp, Keap, Karta und viele, viele andere.

Zwei Dinge solltest du bedenken:

- **Denke langfristig.** Ich bin von einem Provider zum anderen gewechselt – was für ein Ärger! Du solltest dich möglichst gleich bei einem Provider anmelden, der dir erlaubt zu wachsen. Ich empfehle dir nicht, mit einem kostenlosen Service anzufangen; das bedeutet nur, dass du irgendwann umziehen musst. Du wirst am Anfang zwar etwas bezahlen müssen, aber nicht viel – und schließlich machst du über dein Buch neue Geschäfte. Du wirst die Ausgaben abschreiben können und sie werden viel für dich tun.

- **Achte darauf, welche Funktionen du heute und in Zukunft brauchst.** Wahrscheinlich willst du eine Landing Page, die Fähigkeit, verschiedene Listen und die dazugehörigen E-Mail-Abfolgen zu erstellen, und vielleicht noch mehr Funktionen.

Allerdings brauchst du auch nicht allzu lang darüber nachzugrübeln (oder überhaupt nicht). Recherchiere einfach selbst, such dir einen Provider aus und fang an, ihn zu nutzen.

Alle der besten E-Mail-Serviceprovider haben unglaublich gute Tutorials, also blockiere gleich etwas Zeit in einem Kalender, um dich mit den Grundlagen vertraut zu machen. Schick deine erste E-Mail raus, auch wenn sie nur an sieben Leute geht. *Jeder* hat mit wenigen Empfängern angefangen, sogar Leute, die heute Millionen auf ihrer Mailingliste haben.

Definiere deine Themen. Deine nächste Entscheidung ist ein Thema oder ein Gebiet, auf das du dich in deinem Newsletter konzentrieren willst. Ein Tipp: Es sollte sich dabei um das gleiche Thema bzw. die gleichen Themen handeln wie in deinem Buch; also um die Hauptarbeit, die du machst. Ich schreibe Bücher darüber, wie man Bücher schreibt, und zu verwandten Themen. Insbesondere geht es in meinen Büchern um die Kunst und die Wissenschaft des Selbstverlages, deshalb reichen meine Themen von der Frage, wie man von der leeren Seite zum Buch kommt, bis hin zu Fragen rund ums Marketing und wie man Buchthemen in viele verschiedene Einkommensquellen verwandelt.

Und jetzt rate mal, worum es in meinem Newsletter geht. Hundert Punkte: um genau das. Ich habe zu diesen Themen eine Menge zu sagen, und in den sechs Jahren, die ich meinen Newsletter schon verschicke, habe ich auch schon eine Menge dazu gesagt.

Selbst wenn das Thema deines Buches weniger breit gefasst ist, gibt es wahrscheinlich Dutzende von Perspektiven, aus denen du es für deinen Newsletter beleuchten kannst.

Ich habe zwei Tipps, die du vielleicht hilfreich findest:

Verwende monatliche Themen. Brich deine Inhalte auf zwölf Unterthemen herunter. Dann mach eine Monatsliste und ordne jedem Monat eines deiner Unterthemen zu. Je nachdem, wie dein Newsletter-Zeitplan aussieht (über den reden wir als Nächstes), kannst du zum Beispiel jeden Monat einen Auszug aus deinem Buch verschicken. Wenn du zwei oder sogar vier Newsletter pro Monat verschickst, kannst du tiefer in einen Aspekt deines Themas eintauchen, als du es in deinem Buch getan hast.

Leg deinen Zeitplan fest. Entscheide dich, wie oft du deine E-Mails verschicken möchtest, und halte dich daran. Egal, ob du beschließt, mehrere E-Mails pro Tag zu verschicken (tu das nicht, du bist doch keine Bekleidungsmarke!) oder ob du eine, zwei oder vier E-Mails pro Monat planst, wichtig ist, dass du dich an einen festen Zeitplan hältst. Deine Abonnenten werden irgendwann erwarten, von dir zu hören – sie mögen es, schließlich haben sie sich freiwillig entschieden, Teil deiner Mailingliste zu werden, erinnerst du dich? Sie wollen deine E-Mails lesen!

Ein paar Hinweise:

- **Schreib nur Leute auf deine Liste, die es dir erlaubt haben.** Ich liebe einige der E-Mails, für die ich mich angemeldet habe, aber manchmal tauchen E-Mails auch plötzlich wie von Zauberhand in meinem Posteingang auf, wenn ich jemanden kennengelernt habe. Wenn du glaubst, dass jemand Interesse an deinen E-Mails haben könnte, leite ihm deinen letzten Newsletter weiter und schreib dazu: *Ich dachte, mein regelmäßiger Newsletter könnte dich interessieren. Unten gibt es einen Link, unter dem du dich anmelden kannst, oder du antwortest einfach auf diese E-Mail, dann schreibe ich dich auf meine Liste. So oder so musst du dein Abo noch mal bestätigen und kannst dich jederzeit wieder abmelden.*

- **Nutze ein doppeltes „Opt-in".** Sprich, wenn sich jemand für deinen Newsletter anmeldet, bekommt er eine E-Mail und muss noch mal bestätigen, dass er das Abo wirklich möchte. Selbst dann werden sich Leute später wieder abmelden, weil sie vergessen hatten, dass sie sich angemeldet haben. Das bringt mich jedes Mal zum Lachen, passiert aber gar nicht so selten. Dir ist das bestimmt auch schon passiert.

- **Deine Leser wollen großartige Informationen und einen persönlichen Touch.** Wie bereits erwähnt sind Autorenfreunde einfach die besten – manche von ihnen waren schon lange „mein Freund" (in meinem Hirn), bevor wir uns begegnet sind, weil ich ihren Newsletter gelesen habe. Jeff Goins ist sehr gut darin, wertvolle Einsichten und Ideen zu verschicken und gleichzeitig ein wenig darüber zu plaudern, was bei ihm gerade persönlich los ist. Deine Abonnenten wollen erfahren, wer du bist, nicht nur, was du machst. Teile das Beste, was du in deinem Wissensgebiet weißt, aber verrate deinen Lesern auch, was deine Lieblingsschokoladensorte ist (Zartbitter), was du in deiner Freizeit machst und vielleicht sogar, wie du überhaupt darauf verfallen bist, ein Buch zu schreiben.

Hol das Beste aus deiner Mailingliste heraus

Ich bin kein E-Mail-Marketing-Guru – von denen gibt es schon so viele. Ben Settle ist ein hervorragender Ratgeber, wenn es darum geht, die Kunst des E-Mail-Schreibens zu perfektionieren, insbesondere, wenn es ums Texten geht. Er kann dir sogar beibringen, wie du deine Mailingliste verkaufen kannst. Bryan Harris, Shane Sams und Grant Baldwin teilen ebenfalls tolle Text-Tipps, Tools und Ideen.

Wenn es um die Details von E-Mail-Marketing geht, höre ich auf diese Typen, und ich würde dir auch empfehlen, etwas Zeit einzuplanen, um dich dazu schlau zu machen. Etwas zu besitzen – in diesem Fall deine Mailingliste – ist eine Sache, aber zu wissen, wie man auch das Beste daraus macht, ist eine ganz andere. Ich bilde mich regelmäßig zu dem Thema weiter und achte immer darauf, was mir an den E-Mails, die ich bekomme, gefällt – und was nicht.

In all den Jahren, die ich schon E-Mails verschicke – fast zwei Jahrzehnte inzwischen – habe ich ein paar Sachen gelernt, deshalb kommen jetzt zwei Strategien, die für mich funktioniert haben und die du von anderen vielleicht nicht lernst.

Worüber schreiben …

Wie bereits vorgeschlagen solltest du dein Hauptthema in Unterthemen herunterbrechen. Für mich ist das Hauptthema: „Bücher schreiben und veröffentlichen und damit Geld verdienen".

Wenn es ums Schreiben geht, rede ich darüber, wie, wann und wo man schreiben kann, warum es wichtig ist, ein Buch zu schreiben, wozu es gut ist, welche Strategien dabei helfen, schneller zu schreiben, wie man schreibt, wenn die Zeit drängt, und so weiter und so fort.

Für deine Liste solltest du darüber nachdenken, welche Probleme oder Chancen deine Leserschaft hat, und eine Liste davon erstellen. Dann kannst du bei jeder Facette deines Themas in die Tiefe gehen – eine E-Mail nach der anderen.

Ich bin per Zufall auf diese Strategie gestoßen, indem ich viel zu viele Inhalte produzierte und dann beschloss, sie zu analysieren, um herauszufinden, ob ich sie wiederverwenden könnte, ohne meine Leserschaft dadurch vor den Kopf zu stoßen, und ob ich meinen Prozess dadurch eventuell auch noch ein wenig glätten könnte.

Ein Beispiel: Für die *The Successful Single Mom*-Bücher habe ich jahrelang einen Blog geführt. Einige Zeit lang schrieb ich sogar täglich Blogposts. Irgendwann bekam ich Probleme damit, den gleichen Aspekt immer wieder auf neue und interessante Weise zu beleuchten. Außerdem hatte ich das Gefühl, alle Bücher zu dem Thema geschrieben zu haben, die ich schreiben wollte. Und zu allem Überfluss hatte ich auch wieder geheiratet und mich von der Lebensphase als alleinerziehende Mutter verabschiedet. Also dachte ich darüber nach, was ich als Nächstes tun wollte oder sollte.

Damals ging mir auf, dass es schlau wäre, all meine Inhalt zu bewerten und zu sehen, ob es eine Möglichkeit gäbe, weiter alleinerziehenden Müttern zu helfen und mich gleichzeitig der Last zu entledigen, ständig neue Inhalte erschaffen zu müssen und mich zu stark auf diesen Teil meines Geschäfts zu konzentrieren.

Mach eine Analyse – bevor du loslegst!

In meiner Analyse schrieb ich eine Liste von Unterthemen auf, die alle damit zu tun hatten, wie man mit Anstand und Würde eine alleinerziehende Mutter wird, ist und dieses herausfordernde Leben bewältigt.

Da meine Buchreihe sechs Bände umfasste, hatte ich schnell meine sechs Hauptthemen gefunden:

- Wie man mit dem Schock umgeht, plötzlich alleinerziehend zu werden, und wie man sich daran gewöhnt
- Wie man Essen und Snacks zubereitet
- Wie man eine neue Liebe findet
- Wie man fit wird
- Wie man finanziell unabhängig wird
- Wie man sich weiterbildet

Dann konzentrierte ich mich darauf, Blogposts zu finden, die ich schon geschrieben hatte, und sie dem Unterthema zuzuordnen, zu dem sie am besten passten. Dann schaute ich mir die Statistiken des Blogs an – welche Posts waren am beliebtesten, welche hatten die meisten Kommentare und wurden am häufigsten geteilt? Wenn ich das heute tun würde, würde ich nachsehen, welche Newsletter die meiste Aufmerksamkeit erhalten hatten und wie viele unaufgeforderte Antworten ich erhalten hatte. Da ich meine Newsletter außerdem auch auf LinkedIn poste, hätte ich mir diese Posts angeschaut, um zu sehen, welche einen Nerv trafen. Das wird später noch wichtig werden.

Wenn du schon eine Weile einen Blog oder einen Newsletter führst, stehen dir solche Daten schon zur Verfügung. Wenn du allerdings gerade erst loslegst, hast du vielleicht noch keine Zahlen. Dann gehst du erst mal nach deinem Bauchgefühl (sprich, du machst, was für dich sinnvoll ist), und machst erst später eine solche Analyse, um zu sehen, ob du bestimmte Inhalte löschen, erweitern oder neu schreiben solltest.

Manchen von euch wird dieser Ratschlag, auf das eigene Bauchgefühl zu hören, nicht gefallen. Aber hier ist die Wahrheit: Du kennst die Antwort schon, weil du Sachbücher schreibst. Hier geht es um dein Spezialgebiet und ich glaube an dich! Ich bin mir sicher, wenn du es nur gut genug durchdenkst, wirst du auf die richtigen Antworten kommen.

Sobald du deine wichtigsten Themen identifiziert hast, geh eine Ebene tiefer und brainstorme hier weiter. Anders ausgedrückt, tauche tiefer in ein Thema ab. Markiere Unterthemen, die besonders viel hergeben. Eine Scheidung zu bewältigen, bedeutet zum Beispiel, sich die emotionale Unterstützung zu holen, die man braucht, zu lernen, wie man gemeinsam, aber nicht als Paar, Kinder erzieht, und zu klären, was man allein mit sich selbst anfängt, wenn die Kinder beim anderen Elternteil sind.

Der Lebenszyklus eines Lesers

Wenn du deine Liste zusammengestellt hast, solltest du als Nächstes an den Aufmerksamkeitszyklus eines Klienten oder Kunden denken.

Wenn du Inhalte für einen Newsletter zusammenstellst, musst du deshalb nicht zwangsläufig *für immer* neue Inhalte schreiben. Du kannst auch auf den Aufmerksamkeitszyklus deiner Abonnenten achten und noch mal von vorne anfangen, wenn du zu deinem Thema alles gesagt hast, was sinnvoll ist.

Im Lauf der Jahre, in denen ich den Blog für Alleinerziehende geschrieben und Rückmeldungen von meinen Leserinnen bekommen habe, stellte ich einen Trend fest: Eine Lebensphase als alleinerziehende Mutter, von der Scheidung oder Trennung bis zur Wiederheirat, beträgt ungefähr drei Jahre (36 Monate).

Ich achtete auf die Abbestellungen des Newsletters und die Nachrichten, die ich dazu bekam: *Es liegt nicht an dir, es liegt an mir! Ich freue mich, sagen zu können, dass ich mich abmelde, weil ich in ein paar Monaten wieder heiraten werde und jetzt nichts mehr darüber lesen muss, wie man als alleinerziehende Mutter durchkommt.*

Sechsunddreißig Monate mit je zwei Blogposts pro Monat bedeutete, dass ich die 72 populärsten Blogposts finden und mich auf die beliebtesten Posts zu einem bestimmten Thema konzentrieren musste. Alleinerziehende haben immer etwas zu tun, also dachte ich, dass ein Rhythmus von zwei Blogposts pro Monat ausreichen würde, ihnen zu helfen, aber nicht so viel wäre, dass sie sich abmeldeten, weil ich ihnen zu schnell zu viele Informationen servierte.

Bei Büchern habe ich festgestellt, dass es ungefähr zwei Jahre dauert, bis jemand, der sich auf meiner Mailingliste eingetragen hat, mir erzählt, dass er ein Buch veröffentlicht hat. Ich habe nie etwas darüber geschrieben, was man macht, wenn man wieder geheiratet hat (obwohl meine zweite, sehr glückliche Ehe jetzt schon seit vierzehn Jahren besteht), weil mich danach nie jemand gefragt hat.

Dieses Buch über Marketing schreibe ich dagegen, weil ich fast jeden Tag eine Frage dazu bekomme, wie man sein Buch am besten vermarktet. Ich werde in jedem Podcast, bei dem ich zu Gast bin, danach gefragt, und so ziemlich jede E-Mail, die ich bekomme und in der es nicht darum geht, ein Buch zu veröffentlichen, enthält eine Marketingfrage.

Letzten Sommer habe ich eine Serie zum Thema Buchmarketing gestartet und jeden Tag Dutzende von E-Mails von Leuten bekommen, die sich bedanken wollten, dass ich ihnen mit diesem Aspekt des Autorendaseins weiterhalf.

Es stellte sich schnell heraus, dass es egal ist, ob man Indie-Autor im Selbstverlag, ein traditionell veröffentlichter Autor oder eine Mischform aus beidem ist – alle wollen wissen, wie sie mehr Bücher verkaufen können.

Also hielt ich mich an meinen eigenen Rat und folge jetzt den Brotkrumen, indem ich zusätzliche Bücher zum Thema schreibe und Produkte herstelle, die das erfüllen, was mein Markt benötigt.

Weil ich meine Inhalte automatisieren und mich auf andere Dinge konzentrieren wollte, habe ich meine Analyse rückwärts gemacht. Dir würde ich vorschlagen, du machst deine … heute!

Natürlich ist der Blog immer noch da, wenn jemand das machen möchte, was ich am liebsten mache – alles über ein Thema, das mich interessiert, und von einem Autor, der mich fasziniert, auf einmal lesen. Natürlich empfehle ich auch dort das Buch oder die Bücher zum Thema, die ich geschrieben habe, und auch die von anderen alleinerziehenden Autorinnen und Bloggerinnen, von denen ich der Meinung bin, dass man sie kennen sollte.

Alles zusammen: Wie du deinen E-Mail-Newsletter strategisch anwendest und Inhalte für dein Buchmarketing erschaffst

Wenn ich jetzt über Inhalte nachdenke, während ich an neuen Interessensgebieten arbeite, versuche ich, all das, was ich mit den Büchern für Alleinerziehende und meinem Blog gemacht habe, schon zu tun, *bevor* ich einen Newsletter aufsetze und mit der Arbeit an einem neuen Buch beginne.

Hier ist eine Aufgabe für dich:

- Wie lange bleibt ein Klient normalerweise bei dir (sprich, wie ist sein Aufmerksamkeitszyklus)?
- Wie oft soll er deinen Newsletter bekommen?
- Taschenrechner raus: Sagen wir, Klienten bleiben fünf Jahre bei dir und sollen zweimal pro Woche einen Newsletter von dir erhalten. Das sind ungefähr acht E-Mails pro Monat über 60 Monate, oder insgesamt 480 Newsletter.

Bevor du jetzt wütend mit mir wirst, weil ich dir diese Hiobsbotschaft überbringe, bedenke, dass du die gleichen Informationen wahrscheinlich jedes Jahr oder zumindest alle zwei Jahre recyclen kannst. Ich meine, ich recycle meine Newsletter mit etwas angepassten Informationen – und zu mir hat noch nie jemand gesagt: „Ich kann nicht glauben, dass du mir 2018, 2020 und dann noch mal 2022 die gleiche E-Mail geschickt hast!“ Wenn jemand etwas sagt, ist es meistens eher so etwas wie: „Danke für die Erinnerung, das musste ich in dem Moment (mal wieder) hören.“

Deine 480 Newsletter sind also in Wirklichkeit nur 96 oder 192 (das ist immer noch viel, aber denk daran, dass du die Inhalte beim ersten Mal einen nach dem anderen schreibst). Für den Blog für Alleinerziehende habe ich über 700 Posts geschrieben, einen Tag und einen Post nach dem anderen über mehrere Jahre.

Heute kann ich nur zurückblicken und mir vorstellen, wie viel Zeit ich hätte sparen können, wenn ich diese Strategie damals schon gekannt und angewendet hätte. Gern geschehen *grins*.

Jetzt hast du deinen E-Mail-Newsletter in Griff, den ich (und du hoffentlich inzwischen auch) als zentralen Teil deines Buchmarketings ansehe. Das heißt, wir können uns jetzt in aller Ruhe andere Tools, Apps und Ressourcen ansehen, die dein Buchmarketing für dich viel effizienter gestalten.

Buchmarketingtools, -apps und -ressourcen

Es gibt *so viele* wunderbare Plattformen, Apps, Tools und andere Ressourcen, die du nutzen kannst, um dein Buch zu vermarkten und zu verkaufen.

Meine Rolle hier ist, dir von denen zu erzählen, die ich kenne und nutze oder zumindest schon mal erfolgreich benutzt habe.

Zwei Dinge solltest du allerdings bedenken: Es gibt viele, von denen ich Gutes höre, die ich aber nicht selbst nutze (ein paar von denen werde ich hier auch erwähnen), und du *musst sie auch nicht (alle) nutzen*. Ich erzähle dir nur, was ich nutze, warum und wie. Für dich gibt es vielleicht sogar noch bessere Lösungen, oder du möchtest eine bestimmte Strategie vielleicht nicht anwenden. Buchmarketing, wie du inzwischen weißt, verlangt ein gewisses Maß an Strategie und die Liste unten kann dir helfen, deine Strategie effektiv umzusetzen.

Ich hoffe, ich konnte dich inzwischen ermutigen, anders zu denken als sonst, wenn du dir bei Experten Ideen und Informationen holst. Du solltest nichts von dem, was ich sage, einfach so für bare Münze nehmen, sondern es durch deinen eigenen „Will ich das machen/nutzen?"-Filter betrachten. Ich mag es gerne einfach, auch wenn es vielleicht so aussieht, als würde ich viele verschiedene Dinge nutzen, um mein Buch zu vermarkten, also nutze ich in Wirklichkeit die kleinstmögliche effektive Dosis, um so große Resultate zu erzielen wie möglich.

Hier ist eine alphabetische (nicht nach persönlicher Präferenz sortierte) Liste.

Anchor. Anchor ist eine Podcastapp, von der ich über Stephanie Bond (eine tolle Frau, google sie mal – und lies im Kapitel „Vertrieb, Verkauf & Verkaufen" mehr über ihre Buchmarketingstrategien) erfahren habe. Es ist eine kostenlose App, die es relativ einfach und schmerzlos macht, einen eigenen Podcast aufzunehmen und zu veröffentlichen. Während ich dies schreibe, plane ich für das nächste Quartal endlich die Veröffentlichung meines Podcasts *The Honorée Corder Show* (ob ich es inzwischen geschafft habe, kannst du selbst nachschauen).

Dabei habe ich einiges an Sicherheit gewonnen, weil mein Kollege Lucas Marino (ein Trainingbusinessexperte) Anchor auch nutzt und schwört, es sei ganz leicht. Den Namen habe ich schon ausgesucht und im Moment arbeite ich daran, mir eine Grafik machen zu lassen, während ich die Themen plotte, die ich in der Show behandeln will. Wenn du noch zögerst, deinen eigenen Podcast zu starten, würde ich sagen, denk noch mal darüber nach.

BookBub. BookBub kann zu enormem Erfolg führen – wenn du als täglicher Deal präsentiert wirst, kannst du an dem Tag Tausende, wenn nicht sogar Zehntausende Exemplare deines Buches verkaufen, und die Nachwirkungen davon können stark genug sein, dass du noch Wochen, Monate oder sogar für immer mehr Bücher verkaufst. Ich erinnere mich, dass ich schwer schlucken musste, als ich 2012 zum ersten Mal über 800 Dollar an BookBub bezahlen musste, weil ich nur hoffen konnte, die Investition zumindest wieder gutzumachen. Tja, und dann bekam ich am ersten Tag fast das doppelte Geld zurück (auf Amazon muss man bei einer Tantiemenrate von 35 % eine Menge Bücher verkaufen, um auf 800 Dollar zu kommen) und die Verkäufe hielten danach noch eine ganze Weile an.

Seit damals habe ich noch viele weitere Deals über BookBub angestoßen und die Plattform hat immer noch mehr Optionen für Autoren geschaffen, um potenzielle Leser zu erreichen: persönliche Empfehlungen, Autorenseiten, denen man folgen kann und sogar die Produktion von Werbung.

BookFunnel. Ich nutze BookFunnel, um mein Buch in die Hände meines Advanced Reader Teams zu bekommen, um es auf meiner Website und über meine E-Mail-Signatur zu verschenken und auf viele andere kreative Arten. Auf dieser Plattform kann man E-Books teilen, ohne das Risiko eingehen zu müssen, dass das eigene geistige Eigentum gestohlen wird.

Auf der Website beschreibt sich die Plattform so: „***Das wichtigste Tool für dein Autorengeschäft.*** *Ob du deinen Lesermagnet optimal nutzen möchtest, Vorabexemplare deines Buches verschicken willst, E-Books bei einer Konferenz verteilst oder digitale Verkäufe an deine*

Leser vertreiben möchtest, BookFunnel übernimmt das alles für dich. Genau wie bei dir besteht auch unser Geschäft darin, Leser glücklich zu machen. Lass uns beim Aufbau deiner Autorenkarriere helfen, egal, wo auf dieser Reise du dich gerade befindest."

Du kannst BookFunnel in deinen E-Mail-Service integrieren, sodass deine Mailingliste fast von selbst wächst (und wir sind uns inzwischen einig darüber, wie wichtig das ist, oder?), während du dein Buch verteilst. Das funktioniert auf beiden Seiten einfach zauberhaft.

Zufällig kenne ich den Erfinder von BookFunnel und war auf einer Konferenz, auf der er das Konzept vorstellte. Ich nutze diese Plattform seit dem ersten Tag und es ist ohne jeden Zweifel eine der besten Investitionen, die ich je in mein Autorenbusiness gemacht habe.

Dropbox. Viele Leute nutzen andere Apps, um Dokumente zu speichern und mit Koautoren zusammenzuarbeiten, aber mein absoluter Favorit ist Dropbox. Warum? Weil du dort alle Rechte behältst. Andere Plattformen – wenn du willst, lies mal das Kleingedruckte – können Dokumente, die du erschaffst, in Besitz nehmen – darunter deine Tabellen, deine Manuskripte und ja, alles, was du in E-Mails schreibst.

Rev. Rev ist eine fantastische App, wenn du deine Inhalte diktieren und ganz einfach transkribiert haben möchtest, zu einem vernünftigen Preis und blitzschnell. Einige Ghostwriter, die ich kenne, nutzen sie, um ihre Bücher zu schreiben, ich selbst nutze sie für Blogposts und andere Inhalte (darunter auch ein nettes, kleines Buchprojekt, das ich Ende 2023 endlich auf den Markt bringen werde). Du kannst sogar Interviews führen und unterscheiden lassen, wer gerade spricht, wenn du die Datei hochlädst. Das Transkript, das du zurückbekommst, ist zu 98 % korrekt. Wenn du bedenkst, wie viel schneller die meisten Leute reden als tippen, ist das eine hervorragende Möglichkeit, Worte aus deinem Kopf auf Papier zu bringen.

Slack. Slack ist eine tolle Möglichkeit, mit Mitarbeitern und sogar ganzen Gruppen über eine kostenlose oder zumindest relativ günstige Plattform zu kommunizieren – und es ist kein soziales Netzwerk, das jeden Moment abstürzen oder dich hinauskegeln könnte. Ich nutze Slack sowohl mit meinem Team als auch mit meiner Mastermind-Gruppe. (Außerdem nutze ich es, um Fremdsprachen zu lernen und in ein paar Autorengruppen, die sich durch Konferenzen ergeben haben.) Slack ist ähnlich aufgebaut wie Facebook; es gibt einen Hauptkanal, den man lesen kann, und kleinere Kanäle (ähnlich wie Facebookgruppen) für besondere Interessen und kleinere Gruppengespräche. Man kann sich auch gegenseitig private Nachrichten schicken.

Kürzlich kam außerdem noch eine neue Option für Sprachnachrichten dazu, die einfach großartig ist. Mir gefällt besonders gut, dass ich Dateien, Bilder und Informationen teilen kann, das Ganze aber nicht öffentlich ist. Wenn jemand also nicht eingeladen ist und Freigaben bekommen hat, kann er nicht einfach auftauchen und machen, was er will.

Trello. Ich bin noch ganz neu bei Trello, aber all die äußerst produktiven Leute, die ich bewundere, schwärmen davon – Lucas Marino, den ich vorhin schon mal erwähnt habe, mit Marino Training, und J. T. Ellison, die weltberühmte Romanautorin. Beide sind begeistert davon, wie Trello ihnen hilft, den Überblick über ihre verschiedenen Projekte zu behalten, und auch wenn ich noch nicht lange dabei bin, geht es mir ähnlich.

Voxer. Diesen Sprachnachrichtservice nutze ich mit Geschäftspartnern und sogar mit einem Mitglied meiner Mastermind-Gruppe, das in Großbritannien lebt (sodass wir uns sonst keine Sprachnachrichten schicken könnten).

Sprachnachrichten sollten eigentlich ihren eigenen Eintrag bekommen, also bitte sehr: Es macht sehr viel Spaß, eine Sprachnachricht zu bekommen. Sind wir uns da einig? In der schriftlichen Kommunikation gehen der Ton und der Kontext manchmal verloren (so wie du gerade nicht hören kannst, wie überaus glücklich ich bin, während ich das hier schreibe, oder?), aber wenn man die Stimme einer Person hört, bleibt so gut wie kein Zweifel, was sie über eine bestimmte Sache denkt.

Voxer kann man auf allen Arten von Handys nutzen, aber wenn du selbst ein iPhone hast, deine Freunde aber nicht, kannst du ihnen so einfach eine Sprachnachricht schicken und Fotos, Videos, Memes und sogar Dateien anhängen.

WordPress. WordPress ist der Goldstandard für Websites; mit WordPress eine Website zu erstellen und zu optimieren ist relativ einfach. Ein einfaches Template kostet nicht viel und selbst ein Computerneuling kann damit eine Seite erstellen, abändern und sogar das eine oder andere Plug-in hinzufügen (wenn er will).

Wenn dir das allerdings spanisch vorkommt, oder du einfach keine Lust dazu hast, bleibt WordPress auch eine leistbare Option, wenn du einen Webdesigner engagieren willst. Es erlaubt dir auch, mit der Zeit Seiten und Zusatzfunktionen hinzuzufügen.

Ein paar weitere Ideen

Die folgenden Apps haben nicht direkt mit Buchmarketing an und für sich zu tun, aber sie machen einem das Leben doch deutlich leichter und wirken sich damit auch positiv auf mein Buchmarketing aus. Du denkst vielleicht, sie hätten nichts in einem Buch über Buchmarketing verloren, aber vertrau mir – sie können auch dein Leben besser machen und dich in einen besseren Buchvermarkter verwandeln.

Evernote. Ich nutze Evernote für *so viele Dinge*, die mit Buchmarketing zu tun haben. Die Pläne, die ich in den vorherigen Kapiteln mit dir geteilt habe? Die habe ich in Evernote hineinkopiert, für den Fall, dass ich auf irgendeinem digitalen Gerät (z. B. iPhone, Laptop oder Tablet) darauf zugreifen muss. Wünschst du dir einen einfachen Platz, an dem du die Quittungen für Ausgaben aufbewahren kannst, die du für dein Buchmarketing hast? Oder die Liste anderer Autoren und ihrer Bücher ansehen kannst? Evernote ist perfekt dafür und noch für viel mehr.

Pandora. Mit Musik geht alles besser und Pandora ist eine kostenlose Musikapp, mit der du praktisch nonstop Musik hören kannst (definitiv nonstop, wenn du eine kleine monatliche Gebühr bezahlst). Ich habe verschiedene Playlisten für verschiedene Aufgaben. Du denkst wahrscheinlich, dass ich Buchmarketing einfach lieben muss, weil ich so gut darin bin, aber manche Aufgaben machen einfach gar keinen Spaß, sind aber nötig. Um meine Buchmarketing-to-do-Liste abzuarbeiten, brauche ich gute Musik.

Pzizz. Pzizz ist eine App für Nickerchen, Schlaf und Konzentration. Ich nutze sie hauptsächlich, um mir „Nappucinos“ zu gönnen: ein 25 Minuten langes Nickerchen, vor dem ich eine Tasse Kaffee trinke oder sogar eine Koffeintablette nehme. (Ohne Koffein geht bei mir gar nichts, aber wenn ich welches zu mir nehme, brause ich durch den Nachmittag, als hätte ich bis 8 Uhr ausgeschlafen.)

ThinkUp. Wenn du mich und meine Arbeit durch die *Miracle-Morning*-Reihe kennengelernt hast, wendest du wahrscheinlich schon Affirmationen an. Diese App erlaubt es dir, deine Affirmationen aufzuschreiben, mit deiner eigenen Stimme aufzunehmen und sie dir selbst vorzuspielen. Willst du ein Buchvermarkter mit mehr Selbstvertrauen werden? (Ja, das willst du!) Hol dir die App und nimm diese Affirmation auf: *Ich bin ein effektiver Buchvermarkter. Ich konzentriere mich auf mein Buchmarketing und jeden Tag entdecken mehr Leser mein Buch/meine Bücher.*

Es macht total viel Spaß, zuzusehen, wie deine Worte vor deinen Augen zum Leben erwachen.

Das wären dann alle Apps. Wenn mir noch mehr einfallen, schreibe ich sie auf die Liste auf meiner Website: www.HonoreeCorder.com/Resources. Am besten schaust du regelmäßig dort vorbei und holst dir Tipps für andere coole Tools rund ums Schreiben, Veröffentlichen und Vermarkten deines Buches, die ich entdeckt habe und die ich mag.

Ein letztes Wort zum Thema „kostenlose Technologie": Lass die Finger davon. Wenn etwas nichts kostet, bedeutet das zum einen, dass du das Produkt bist, und zum anderen, dass du dich dem Willen der Person oder Firma auslieferst, der es gehört. Was wiederum bedeutet, dass du jeden Moment Gefahr läufst, keinen Zugriff mehr darauf zu haben oder im schlimmsten Fall die Rechte an dem, was du geschaffen hast, komplett zu verlieren.

Das habe ich von meinem sehr technikinteressierten Mann gelernt: Sobald du kannst, solltest du deine eigenen Server kaufen und entweder ein Team von Leuten dafür bezahlen, dass sie sich um die Details kümmern, oder selbst lernen, wie man es macht. Wir besitzen unsere eigene Unternehmenssoftware für E-Mails, eigene Server und eine eigene Firewall in einem Rechenzentrum, zu dem nur wir selbst (und unser kleines Team) Zugang haben.

Das ist zwar nicht billig, aber ich bezahle es gern. Du fragst dich vielleicht, warum, wo es doch so viele kostenlose oder kostengünstige Möglichkeiten gibt. Die Antwort ist einfach: Wenn nicht wirklich die gesamte Stromversorgung zusammenbricht, funktionieren meine E-Mails und meine Website. Niemand kann sie abschalten oder herunterfahren.

Noch ein letzter Gedanke: Wenn du Plattformen wie zum Beispiel LinkedIn nutzt, solltest du deine Kontakte unbedingt einmal im

Monat oder so in eine Excel-Tabelle runterladen, damit du ein Backup hast.

Ich hoffe, du hast jetzt schon den Anfang eines sehr soliden Plans und fühlst dich sicher dabei, wenn du die Bausteine für langfristige, glückliche Buchmarketingarbeit und viele glückliche Leser zusammensetzt.

Aber wir sind noch lange nicht fertig. Ich habe noch eine Menge mit dir zu teilen, damit du das ganze Bild sehen kannst. Schauen wir uns als Nächstes an, wie du eine gute Zeitplanung schaffst und deine Ergebnisse unterwegs immer wieder analysierst.

Heute, morgen & in Zukunft

Bei allem, was ich dir bisher gezeigt habe, hast du bestimmt schon gemerkt, dass Buchmarketing unendlich ist – es hat buchstäblich kein Ende. Dein Buch zu vermarkten ist ein Langzeitprojekt, und wenn du deine Ziele, deine Begeisterung und die Dinge, die funktionieren, kombinierst, steigerst du damit deine Erfolgsaussichten.

Ich wiederhole es noch einmal (zum letzten Mal, versprochen):

Dein Buch ist keine Avocado – es wird nicht schlecht (es sei denn, es handelt sich dabei um ein sehr spezifisches Buch, zum Beispiel *Ratgeber für die Jobsuche 2020*).

Dein Buch kann auch noch in einem oder sogar zwei Jahrzehnten so wertvoll und unbezahlbar für seine Leser sein wie heute. Damit es den größtmöglichen Eindruck hinterlässt, empfehle ich dir, kurz-, mittel- und langfristige Ziele zu stecken und einen Plan zu erschaffen, damit du sie auch erreichst.

Den Plan hast du schon, also tauchen wir ein bisschen tiefer ein. Im Marketingleben eines Buches gibt es drei klar umrissene Abschnitte, die mit dem Anfang beginnen, wenn das Buch und alles darum herum noch neu und aufregend ist. Diese Phase beginnt in den ersten sechs Monaten und dauert bis zu einem Jahr an. Wenn du noch voller Begeisterung für dein Buch bist, solltest du das

Beste aus deiner Energie herausholen. Wir reden gleich darüber, wie du das anstellst.

Dann kommt Phase Zwei, die für gewöhnlich bis ins zweite Jahr reicht. In dieser Phase lernst du immer noch, wie du dein Buch am besten in die Hände deiner Leserschaft bringst und was das für dich und dein Business bedeuten kann.

Aber auch danach, wenn dein Buch nicht mehr ganz nagelneu ist, hat es immer noch gute Knochen und unendlich viel Potenzial.

Denk nur einmal daran, wie gut sich *Denke nach und werde reich* auch viele Jahrzehnte nach seiner Veröffentlichung noch verkauft – und wie dein Buch das auch könnte!

Diesen Abschnitt nennen wir – Überraschung – Phase Drei. In Phase Drei gibt es zwei Möglichkeiten:

Entweder du wechselst zu einem erhaltenden Marketing, bei dem du dich genug auf das Buch konzentrierst, um neue Leser dafür zu gewinnen – oder du legst erst recht mit dem Marketing los, indem du noch mehr Werbung und Marketing dafür machst, ein Begleitprodukt oder eine andere Einkommensquelle dazu erschaffst, ein neues Buch schreibst oder all diese Optionen bedienst.

Phase Eins: Liebe auf den ersten Blick

Dein nagelneues Buch

Am Anfang, wenn du ein frischgebackener Autor bist, erzählst du überall mit Begeisterung: „Ich habe ein neues Buch geschrieben!"

Nach ungefähr sechs Monaten oder einem Jahr lässt dieser Anfangsschwung allerdings nach. Dein Buch ist wie eine gute Beziehung.

Glaubst du mir nicht? Erinnerst du dich an das letzte Mal, als du eine neue Beziehung begonnen hast? Damals dachtest du auch, ihr würdet nie damit aufhören, jeden Abend auszugehen und zweimal im Monat gemeinsam zu verreisen. Ihr konntet die ganze Nacht aufbleiben und euch unterhalten und am nächsten Tag bei der Arbeit von purem Adrenalin zehren.

Irgendwann fandet ihr dann euren Rhythmus und fielt in eine Routine. Tägliches Ausgehen wurde zu wöchentlichen Abenden zu zweit und Wochenendtrips verwandelten sich in zwei bis vier Urlaube im Jahr.

Langfristig wisst ihr, dass ihr euch Zeit füreinander nehmen müsst, wenn ihr die Liebe am Leben erhalten wollt, aber hey! Ihr habt Dinge zu erledigen! Arbeit will getan werden, die Kinder haben tausend Hobbys, die Eltern werden auch nicht jünger und – zack! – auf einmal müsst ihr das erledigen, was für euch wirklich einen Unterschied macht, und gleichzeitig alles andere jonglieren, was um eure Aufmerksamkeit buhlt.

Wenn du noch in der „Ich bin Autor! Ich habe ein neues Buch geschrieben!"-Phase bist, solltest du sie in vollen Zügen genießen, solange sie anhält. Dafür opferst du zwar Aufmerksamkeit, die du eigentlich anderen Verpflichtungen schuldest, aber das ist gut und richtig.

Wenn du deinem Buch jetzt eine ordentliche Markteinführung und den Schwung mitgibst, den es braucht, zahlt sich das später aus. (Wenn dein Buch schon eine Weile auf dem Markt ist, überspring diesen Abschnitt einfach und steig beim darauffolgenden ein, der dich wieder betrifft.)

In dieser Phase befindest du dich, wenn dein Buch noch gar nicht herausgekommen ist oder wenn die Markteinführung ungefähr 6 bis 12 Monate her ist.

Jetzt ist es wichtig, kurzfristige Marketingstrategien umzusetzen; sprich, du hast ein tolles Buch und vermarktest es, indem du dich von zwei Podcasts pro Woche einladen lässt. Podcasts lieben es, Autoren zu Gast zu haben, die über ihre neuen Bücher reden.

Unabhängige Buchläden freuen sich, wenn sie zu Neuerscheinungen Veranstaltungen ausrichten können. Buchclubs, Verlage und Online-Buchplattformen (wie Goodreads) suchen stets nach neuen Buchautoren mit jeder Menge Energie und bewerben nur zu gern neuere Titel.

Einer der Gründe, warum ich dafür plädiere, dein Buch im Januar herauszubringen und nicht zwischen September und Dezember, ist, dass es sonst innerhalb von ein paar Monaten zum „Buch vom letzten Jahr“ wird.

Wenn dein Buchmarketing-Aktionsplan fertig ist, streich dir die Punkte an, oder schreib sie raus, die zeitkritisch sind und auf die du dich sofort konzentrieren solltest. In der Anfangsphase für neue Bücher achte ich darauf, drei bis sieben dieser Punkte pro Tag abzuarbeiten. Ich schaue mehrmals am Tag, wie mein Buch sich verkauft, antworte auf jede Rezension, die mir hinterlassen wird, und so weiter.

Fallstudie aus dem echten Leben: Die frischgebackene Autorin Beth Ann Ramos

Eine Autorin, die mit ihrem Buch gerade in Phase Eins steckt, ist Beth Ann Ramos, die Gründerin von *Good Day Books* und Autorin des Kinderbuches *I'm Getting New Glasses.* Als ehemalige Marketingmanagerin in einem Konzern frustriert es Beth, wenn sie sieht, wie Unternehmen Geld für ungebrandetes und Wegwerfwerbematerial ausgeben, vor allem solches, das sich an Kinder richtet.

Jedes Mal, wenn ihre Kinder ein ungebrandetes Werbegeschenk erhalten, bejammert sie die verpasste Marketinggelegenheit des Unternehmens. Sie kann es kaum erwarten, diesen wertlosen Ramsch in den Mülleimer zu werfen. So eine Verschwendung!

Ausgehend von dieser Erfahrung machte sich Beth daran, ein Werbeprodukt zu erschaffen, das Kindern und Unternehmen gleichermaßen etwas bringen kann.

I'm Getting New Glasses ist die Geschichte von Olive, einem kleinen Mädchen, das seine erste Brille bekommen soll und deshalb etwas nervös ist. Gemeinsam mit ihrem kleinen Bruder Andy probiert sie verschiedene Gestelle an und entdeckt dabei, dass eine neue Brille ihr hilft, klar zu sehen, und dass es auch Spaß machen kann, eine Brille zu bekommen.

Beth nutzte ihre Marketingerfahrung und ihre InDesign-Kenntnisse, um Illustrator zu lernen und ihre Charakterzeichnungen zum Leben zu erwecken. Beths Mann ist Augenarzt und ihr größter Fan.

Als das Buch fertig war, machte sie daraus eine maßgeschneiderte Version für seine Praxis mit einer komplett gebrandeten, vollfarbigen Anzeige auf der Buchrückseite. Ihrem Mann gefällt, dass er so ein effektives Marketinginstrument für seine Praxis hat. Und Beth liebt es, ihren jungen Lesern und deren Eltern Mut zu machen und mit ihnen in Kontakt zu kommen.

(Mehr von Beths Geschichte erzähle ich dir in Kapitel 8.)

In der Zwischenzeit erfährst du hier mehr über Beth: www.BethAnnRamos.com.

Ein neues Buch macht so viel Spaß!

In dieser Phase kannst du deinem Buch wirklich helfen, viel gelesen zu werden und sogar Woche für Woche und Monat für Monat mehr Schwung aufzunehmen. Konzentriere dich auf das Hier und Jetzt und auf die unmittelbare Zukunft, behalte dabei aber auch im Auge, was als Nächstes kommt.

Und das bringt uns zu …

Phase Zwei: Du bist immer noch mein Ein und Alles

Bleib deinem Buch treu

In traditionellen Buchkreisen verliert dein Buch schnell die Aufmerksamkeit deines Verlages (und damit auch alle Hilfe, die er dir durch eine PR-Agentur oder Beziehungen gegeben hat). Ganz ehrlich, es kommen die ganze Zeit neue Bücher heraus und Verlage haben ein Interesse daran, dass das auch so bleibt.

Das ist gar nicht als Kritik gemeint, es ist nur eine Tatsache. Was die Aufgabe eines Verlages ist, liegt auf der Hand: Er verlegt Bücher. Wenn keine neuen Bücher mehr herauskommen, verliert er seine Geschäftsgrundlage.

Allerdings ist das auch genau der Grund, aus dem uns immer wieder beigebracht wird, wir sollten uns um das nächste Buch kümmern. Ein Buch schwimmt oder sinkt in seinem traditionell veröffentlichten Leben innerhalb der ersten 12 Wochen. Schwimmt es, bekommt es auch weiter Aufmerksamkeit. Sinkt es, stehen schon hundert weitere Titel Schlange, die vielleicht erfolgreicher sind.

Aber dein Buch, *dein* Buch, sollte deine liebende, fürsorgliche und stetige Aufmerksamkeit bekommen, und zwar ab dem ersten Tag

– ganz egal, wo es veröffentlicht wurde. Vergiss den Verlag (es sei denn natürlich, du bist es selbst) und fokussiere dich ganz auf das Buch.

Jetzt, wo es schon ein Weilchen auf dem Markt ist, ist die erste Begeisterung wahrscheinlich bei allen vergangen (oder zumindest ein wenig geschrumpft), aber du, mein Freund, solltest jetzt einen Gang herunterschalten – und dabei einen ganz neuen Gang finden, der dir erlaubt, dein Buch weiter zu lieben und den Schwung zu erhalten, den du ihm in Phase Eins so absichtsvoll verliehen hast.

Sagen wir, dein Buch ist im September 2022 erschienen und jetzt ist es März 2023. Die Veröffentlichung vom letzten Herbst ist dieses Frühjahr der angesagte Lesestoff. Gut gemacht! Du hast Dutzende oder vielleicht sogar Hunderte von Rezensionen bekommen und die Algorithmen richtig gut genutzt. Aber du hast nicht mehr so viel Zeit, weil dein Buch seine Arbeit getan hat und dein Kalender sich zu füllen beginnt.

Mittelfristiges Buchmarketing umfasst die nächsten 6 bis 12 Monate im Leben deines Buches und besteht aus einem Teil der Aktionsschritte, die du auch bisher genutzt hast, um dein Buch zu verkaufen – nämlich denen, die einen echten Unterschied gemacht haben.

Am besten nutzt du die Ratschläge, die ich dir weiter oben im Zusammenhang mit den anderen Ressourcen schon gegeben habe, um zu analysieren, wie viel Zeit du hast, um dich auf dein Buchmarketing zu konzentrieren.

Jetzt ist der Zeitpunkt gekommen, an dem du ein bis drei Dinge identifizieren solltest, die du für die nächsten sechs Monate oder das nächste Jahr konsequent täglich oder wöchentlich machen kannst.

Hast du einen täglichen Zeitplan, aber jeden Tag nur zehn Minuten Zeit, poste ein Zitat aus deinem Buch auf LinkedIn. Mach einen Screenshot von einer begeisterten Rezension und teile ihn auf Instagram. Oder verschicke drei Postkarten an potenzielle Kunden.

Hast du nur ein kleines Zeitfenster für wöchentliches Buchmarketing, such dir drei effektive Strategien aus Phase Eins aus. Du könntest zum Beispiel:

1. Zweimal pro Monat einen Newsletter verschicken,
2. eine Umfrage auf LinkedIn starten und
3. als Gast bei einem Podcast mitmachen.

Oder

1. Auf einer Konferenz einen Vortrag halten,
2. fünf Anrufe machen, um mehr Bücher in Großmengen zu verkaufen, und
3. eine Konferenz besuchen und sponsern.

Fallstudie aus dem echten Leben: Autor Andy Storch

Andy Storch ist der Autor von *Own Your Career Own Your Life*, Redner und Coach. Er ist darauf spezialisiert, Menschen im mittleren und gehobenen Management zu helfen, sich eine erfolgreiche und erfüllende Karriere aufzubauen. Gleichzeitig hilft er Unternehmen, ihre besten Angestellten nicht zu verlieren. Das tut er durch Vorträge, Coaching, Live-Events und eine Online-Community.

Er steckt gerade mitten in Phase Zwei seiner Buchmarketingaktivitäten, vor allem deshalb, weil zwei wichtige Dinge passiert sind, während er sein Buch schrieb und herausbrachte. Erstens brachte die Corona-Pandemie sein Geschäft mehr oder weniger zum Stillstand und sorgte dafür, dass er viel weniger Engagements als Redner und Coach bekam. Und zweitens wurde bei ihm ein Hodenkrebs gefunden, der in seinen Bauch und seinen Hals streute und ihn zwang, die Arbeit einige Monate lang ruhen zu lassen.

Durch seine Krebsbehandlung wurden einige Marketingaktivitäten (zum Beispiel Podcastinterviews) schwierig, aber Andy war trotzdem weiterhin entschlossen, regelmäßig daran zu arbeiten und sein Business weiter aufzubauen. Krebs ist schließlich nicht billig und er hatte große Ziele, ein Geschäft und eine Marke rund um sein Buch zu bauen.

Während Andy sich den verschiedenen Herausforderungen stellte, dauerte es eine Weile, bis seine Arbeit Früchte trug. Letzten Endes zahlte sie sich aber aus: Andy erhielt mehrere bezahlte Rednerengagements für internationale Konzerne und eine große Softwarefirma buchte ihn für Coaching, das auf seinem Buch basierte. Vor Kurzem flog ihn ein Kunde extra in der Business Class aus den Staaten nach Berlin ein, damit er dort eine Keynote-Präsentation für die Angestellten halten und ihnen beibringen konnte, wie sie ihre eigene Karriere für sich beanspruchen können.

Während ich dieses Buch schreibe, schickt Andy mir eine SMS nach der anderen:

> *Ich weiß, du weißt das schon, aber es macht so viel Spaß, ein Buch geschrieben zu haben! Vor allem, wenn man auf Reisen ist und sich mit Leuten unterhält. So viel Spaß!*
> *Heute fliege ich von Berlin nach Hause. Ein Kunde hat mich eingeflogen und mir einen Haufen Geld dafür gezahlt, dass ich einen Vortrag über mein Buch halte. So gut!!! Das war mein Traum! Das war der Plan!*
> *Und alle, mit denen ich gesprochen habe, lieben das Buch und das Thema. Ich war gerade in der Lounge im Flughafen Newark und habe dort mit einem Paar gesprochen, und als ich ihnen ein Exemplar des Buches gab, waren sie völlig aus dem Häuschen. So viel Spaß!*

Ja, Andy, das macht so viel Spaß! Eine weitere SMS hat er mir noch geschickt, als ich ihn fragte, ob ich mit meiner Vermutung, warum es so gut lief, richtig lag:
Ja! Ich bin deinem Prozess gefolgt und es hat zwar eine Weile gedauert, aber inzwischen sehe ich großartige Ergebnisse.

Andy ist ein Musterbeispiel dafür, was ein solider Marketingplan und konsequente Umsetzung dieses Plans bewirken können, selbst wenn man sich massiven Hindernissen stellen muss.

Diese Mittelphase kann sogar besonders bedeutsam sein; wenn dein Buch erst einmal ein paar Jahre alt ist, kannst du mit ein wenig Aufwand immer mehr und bessere Ergebnisse verzeichnen.

Phase Drei: Treu bis ans Lebensende

Marketing von hier bis in die Unendlichkeit

Am zweiten oder dritten Geburtstag deines Buches kann es sein, dass du die rosa Brille schon abgenommen hast. Du bist kein frischgebackener Autor mehr und dein Buch ist nicht mehr nagelneu.

Aber wenn du glaubst, ich werfe jetzt das Handtuch, was den zweitbesten Aktivposten deines Unternehmens betrifft (der beste bist du selbst, mein Freund), dann hast du dich getäuscht.

Wie bei allem, was zwei oder drei Jahre alt ist, geht der Spaß doch jetzt erst richtig los und das Beste kommt erst noch!

Wenn du schon eine Million Bücher verkauft hast, gratuliere ich dir herzlich! (Wenn du es noch nicht getan hast, hast du dafür noch jede Menge Zeit.) Aber auch in diesem Fall bist du noch lange nicht fertig damit, jeden möglichen Leser für dein Buch zu finden – schließlich leben auf unserem Planeten acht Milliarden Menschen!

Du kannst es weiter vermarkten – bis du dein nächstes Buch veröffentlichst (dazu gibt es allerdings noch wichtiges Kleingedrucktes), bis du in Rente gehst, bis du komplett die Branche wechselst oder bis du nicht mehr bist.

Ich würde erstens für die letzte dieser Möglichkeiten plädieren und zweitens hoffen, dass das noch lange in der Zukunft liegt.

Das Kleingedruckte zu deiner nächsten Buchveröffentlichung ist, dass das in Wirklichkeit eine der effektivsten Methoden darstellt, dein aktuelles Buch zu verkaufen. Darüber reden wir aber später noch.

Für den Moment bleiben wir erst mal bei der Frage, wie langfristiges, konsequentes, dauerhaftes und (vor allem) effektives Buchmarketing aussieht.

Der Vorläufer dieses Buches, *Du MUSST ein Buch schreiben*, ist in dem Moment, in dem ich das hier schreibe, sechs Jahre alt. Ich habe mich anhaltend darauf konzentriert, es zu verkaufen und habe es in allen Formaten auf direktem und indirektem Weg und in Großmengen über 70.000 Mal verkauft.

Außerdem habe ich (bisher) auch 500 gedruckte und über 6.000 digitale Exemplare über meine Website, meine E-Mail-Signatur und zahllose andere Werbemaßnahmen verschenkt.

In meinem nächsten Buch, *You Must Monetize Your Book*, (dem *You Must Build an Empire* folgen wird), werde ich darüber reden, wie weit man mit einem Buch, zum Beispiel mit *Du MUSST ein Buch schreiben* und anderen, kommen kann.

Am besten sicherst du dir jetzt schon einen Platz auf meiner Mailingliste, dann erfährst du immer als Erster von allem, was sich tut: www.HonoreeCorder.com/ReviewCrew.

Warum versuche ich auch nach sechs Jahren noch, *Du MUSST ein Buch schreiben* zu verhökern? Gute Frage!

Das ursprüngliche Buch in dem, was einmal eine komplette Serie aus drei Hauptbüchern und drei Workbooks sein wird, wird vom *I Must Write My Book Workbook* begleitet (und es wird dich kaum überraschen, dass es auch ein *I Must Market My Book Workbook* gibt), außerdem von einem Kurs, *Publishing Ph. D.* (und auch vom Begleitkurs zu diesem Buch, *Book Marketing Mastery,* hast du inzwischen gehört, oder?), einem dritten Kurs, *Building a Million Dollar Book Business* (zum kommenden Buch *You Must Monetize Your Book*), und meinem Lieblingsprojekt, der *Empire-Builders*-Mastermindgruppe.

Ich wurde seither für knapp unter zwei Dutzend Bücher engagiert, weil jemand mein Buch gelesen hat und der Meinung war, mich anzuheuern wäre der beste und schnellste Weg dazu, selbst zum Autor zu werden.

So führte eines zum anderem und die Marke wächst immer noch weiter – unter dem, was ich inzwischen liebevoll den „Du-Musst-Schirm" nenne.

Dieses Buch, die Serie und die zusätzlichen Einnahmequellen sind Grund genug (ähem), mein Buch weiter zu vermarkten.

Wenn du über das langfristige Marketing für dein Buch nachdenkst, denk auch daran, wohin dein Buch die Leser führen kann – sowohl, wenn es darum geht, mit dir ins Geschäft zu kommen, als auch in Bezug auf die Verwandlung, die sie erleben werden, wenn sie mit dir, deinem Buch und deiner Arbeit in Kontakt kommen.

Es gibt jede Menge Gründe, aus denen du dein Buch langfristig vermarkten solltest, aber wie wir schon besprochen haben, hast du vielleicht das Gefühl, dass du einfach nicht mehr so viel Begeisterung dafür aufbringen kannst, viel Zeit in es zu investieren.

Hier zeigt sich, wie du deine Zeit und dein Geld für die vorhersehbare Zukunft nutzen willst, wenn es um dein Buch geht.

Denk daran, dass zwischen der Veröffentlichung von *Du MUSST ein Buch schreiben* und dem Beginn der Arbeit an *Du MUSST dein Buch vermarkten* fast sechs Jahre lagen.

In diesen letzten Jahren habe ich mich darauf konzentriert, *Du MUSST ein Buch schreiben* zu vermarkten und meine Zeit strategisch einzusetzen. Dafür habe ich darauf geachtete, dass ich fürs Buchmarketing insgesamt nicht mehr als drei Stunden pro Woche aufwenden musste, es sei denn, ich hatte ein Podcastinterview, das allein schon eine Stunde auffraß. Drei ganze Stunden klingen vielleicht nach viel, aber diese 12 Stunden im Monat sind die Basis eines netten Anteils an meinem Gesamteinkommen. Ich betrachte sie als unantastbar und als ihr Gewicht in Gold wert.

Du hast sicher die letzten paar Seiten gelesen und dich gefragt: *Warum hat sie die Serie, die Journale und die Kurse nicht in der richtigen Reihenfolge gemacht?*

Noch eine gute Frage. Du bist nicht auf den Kopf gefallen! Die Wahrheit ist, dass ich mich nicht an das gehalten habe, was ich dir empfehle: einen Schritt zurückzutreten und ein, fünf oder zehn Jahre in die Zukunft zu schauen, um dir das ganze Imperium vorzustellen, das du bis dahin gebaut haben wirst, bevor du dich auf die Reise begibst, es aufzubauen.

Ich habe etwas gemacht, das auch funktioniert und das ich dir ebenfalls empfehlen möchte: Ich bin den Brotkrumen gefolgt. Als ich anfing, hatte ich noch keinen klaren Plan für eine *Du-Musst*-Serie, für Kurse oder eine Mastermind-Gruppe. Eigentlich wollte ich nur ein Buch für ein Event schreiben! Statt mich deshalb aber selbst auszubremsen oder gar fertigzumachen, habe ich das Ganze Tag für Tag, Buch für Buch und Angebot für Angebot immer weiter ausgebaut.

Man kann darüber streiten, was die bessere Methode ist, aber in Wahrheit ist die beste Methode für dich immer die, die am besten funktioniert. Natürlich habe ich dadurch Geld verloren (oder zumindest nicht verdient) – vielleicht sogar eine Menge. Aber dafür lasse ich mich auch nicht von einer unendlichen To-Do-Liste, ungeschriebenen Büchern und unaufgenommenen Videos für Kurse überwältigen. Stattdessen baue ich glücklich und zufrieden einen Schritt nach dem anderen aus.

Jetzt weißt du, wie der „Du-Musst-Schirm" meinem Unternehmen geholfen hat, strategisch zu wachsen, also teile ich jetzt das, was für mich am besten funktioniert hat, basierend auf meiner Erfahrung mit dem Buch in Phase Eins und Zwei:

- **Interviews**. Hauptsächlich Podcasts, aber ich hatte auch das Glück, in Folge 40, „Book Publishing Tips with Honorée Corder", von Pat Flynns SPI TV aufzutreten, in Kevin Kruses Artikel auf Medium „Why You Must Write a Book (And How to Do It)" zu erscheinen und sogar eine „Fishbowl", ein internes Amazon-Interview zu geben, das weltweit an Amazon-Angestellte ausgestrahlt wurde. Und das sind nur ein paar Beispiele. Viele weitere findest du auf www.HonoreeCorder.com/Media.

- **Inhalte**. Du hast vielleicht von diesem Buch gehört, weil du meinen LinkedIn-Newsletter liest oder auf meiner Mailingliste stehst. Ich teile regelmäßig das Beste, was ich habe, in kleinen Häppchen über Kollaborationen (Hallo, *Miracle-*

Morning-Leute!) und in Online-Summits (Hi, Summit-Publikum!).

- **Gutes, altmodisches, persönliches Marketing.** Ich gehöre schon seit Jahren zum Rotary Club (www.RotaryInternational.org) und bin in meinem Club als die „Bücherfrau" bekannt. Außerdem arbeite ich ehrenamtlich beim *Family & Children's Service Board of Directors*, ich bin Mitglied in Jen Gitomers *Your Success Frequency*-Gruppe und ich besuche mindestens ein Netzwerkevent pro Monat online oder offline (das ich strategisch ausgewählt habe – schließlich bin ich eher introvertiert).

Ich kann gar nicht genug betonen, wie wichtig persönliche Beziehungen sind, wenn man ein Buch vermarkten will, und wie es sich auf die Mundpropaganda auswirkt – und wir alle wissen, dass Mundpropaganda die *Nummer Eins* unter den Methoden ist, wie Leute neue Bücher für sich entdecken.

Die Zahl der Menschen, die Podcasts hören, steigt jeden Tag um ein Vielfaches und im Allgemeinen greifen die meisten Leute erst mal zum Internet, wenn sie sich Informationen beschaffen wollen, also habe ich die Ergebnisse der beiden ersten Methoden besonders eingehend analysiert und gesehen, dass sie einen stetigen Strom von Lesern zu meinen Büchern (und anderen Angeboten) führen.

Da der ganze Prozess, ein Buch zu schreiben, aber auch eine sehr persönliche Sache ist, habe ich einige meiner besten Kunden gefunden, weil ich entweder sie selbst oder die Person, die mich ihnen empfohlen hat, persönlich kennengelernt habe.

Als jemand, der das Haus nicht verlassen würde, wenn ich es nicht müsste, weiß ich, dass ich mich überwinden muss, aus dem Haus zu gehen, um solche Beziehungen zu knüpfen – aber ich weiß auch, dass ich Zeit brauche, um meine Batterien wieder aufzuladen. Um das zu bekommen, was ich will, muss ich gelegentlich meine Komfortzone verlassen. Das könnte dir auch bevorstehen. Wenn ich diese Risiken nicht eingehe, erhalte ich auch die Belohnung dafür nicht.

Jetzt solltest du darüber nachdenken, was deine langfristig effektivsten Buchmarketingstrategien werden könnten, wenn du erst einmal in diesem Stadium angekommen bist.

Mein letzter Gedanke dazu ist, dass es nie zu früh oder zu spät ist, eine Methode zu finden, die sich als absolut bahnbrechend erweist. Auch wenn du dein Buch schon vor Jahren veröffentlicht hast, kannst du immer noch eine oder zwei Ideen umsetzen, die deine Verkäufe exponentiell wachsen lassen.

Immer, wenn ich etwas finde, das besser funktioniert als das, was ich bereits mache, kannst du darauf wetten, dass ich meinen Plan komplett umkremple und erneuere. Das Gleiche möchte ich dir auch empfehlen – trau dich was! Arbeite daran, die Sache frisch und interessant für dich zu halten, dich nie dabei zu langweilen und den Prozess sogar dauerhaft zu genießen.

Es könnte sein, dass deine Enkel eines Tages dein Buch vermarkten und damit ihr Studium finanzieren!

Aber jetzt schalten wir erst einmal um und reden über verschiedene Möglichkeiten, wie du dein Buch verkaufen kannst.

Vertrieb, Verkauf & Verkaufen

Die Vertriebskanäle, die du für dein Buch wählst (oder bereits gewählt hast), können mit der Zeit Einfluss auf seinen Erfolg haben – sowohl im Hinblick auf die Verkäufe selbst als auch auf die Rollen, die du deinem Buch für dein Unternehmen zugedacht hast. Neben dem Vertrieb gibt es aber auch noch zahlreiche andere Gelegenheiten, bei denen du dein Buch vermarkten und verkaufen kannst. Allerdings brauchst du dafür genug Überblick, um die besten Entscheidungen für dich und dein Buch zu treffen. Ich möchte dir hier eine Übersicht und ein paar Einblicke geben, die dir helfen werden, deine Marketingentscheidungen möglichst weitgehend zu optimieren.

Es gibt viele verschiedene hervorragende Vertriebskanäle, die ich hier schnell erwähnen möchte – nur für den Fall, dass du dein Buch noch nicht veröffentlicht hast (oder falls es bereits auf dem Markt ist und du darüber nachdenkst, was du in Zukunft machen willst).

Vertrieb

Lange Zeit hatten Indie-Autoren nicht besonders viel Auswahl, wenn es um den Vertrieb ihrer Bücher ging. Das hat sich aber in letzter Zeit stark verändert. Dank Amazon, IngramSpark, Kobo

Writing Life und Draft2Digital (um nur ein paar zu nennen) stehen Autoren im Selbstverlag genau die gleichen Vertriebswege zur Verfügung wie traditionell verlegten Autoren.

Egal, wo du dein Buch veröffentlichst, es kann überall dort erhältlich sein, wo man Bücher kauft – rund um die Welt und in der Buchhandlung an der Ecke.

Wenn dein Buch traditionell verlegt wurde, sollte es bereits überall erhältlich sein. Wenn die Rechte an diesen Büchern wieder an dich zurückfallen, hast du die Gelegenheit, sie über genau die gleichen Kanäle neu zu veröffentlichen.

Wenn du dein Buch selbst verlegt hast, sind deine Einschränkungen heutzutage so gering, dass man sie fast nicht mehr bemerkt (mit einer Ausnahme: Während ich das schreibe, ist es noch schwierig, Rechte ins Ausland zu verkaufen – aber nicht unmöglich!).

Und die Moral von der Geschichte, die sich ständig weiterentwickelt? Dass es praktisch keine Grenzen gibt und du ganz allein die Auswahl hast. Ist das nicht großartig?

Vertriebsstrategien

Wie zu jedem Aspekt deines Buchmarketings gehört auch zu der Frage, wie und wo du dein Buch veröffentlichst, eine ordentliche Portion Strategie, die wiederum deine Auswahlmöglichkeiten und deine Ergebnisse beeinflusst.

Exklusiv bei Amazon oder so breit gestreut wie möglich?

Bevor ich anfangen kann, dich zu beraten, ob du dein Buch ausschließlich auf Amazon verkaufen oder es überall veröffentlichen solltest, erkläre ich dir erst mal den Unterschied.

Wichtig daran ist, dass ich nicht entscheiden kann, was du tun oder lassen solltest. Meine Aufgabe ist es, dir einen Überblick, einen Blickwinkel und verschiedene Optionen zu präsentieren, damit du selbst die besten Entscheidungen treffen kannst.

Amazon bietet ein Programm namens KDP Select an, das Autoren ein paar Anreize bietet:

- Als frischgebackener Autor erhöhen sich deine Verkäufe, wenn du dein Buch veröffentlichst.

- Leser, die Kindle Unlimited abonniert haben, können dein Buch „umsonst" lesen und als Autor wirst du für gelesene Seiten bezahlt. Die Tantiemen pro Seite schwanken allerdings. Mehr über KDP Select erfährst du unter www.KDP.Amazon.com (unten auf der Seite findest du außerdem einige Links, unter denen du mehr über den KDP Select Global Fund, KDP Select und Kindle Unlimited nachlesen kannst).

Bei KDP Select meldet man sich immer für je 90 Tage an und schwört dadurch (legal), dass man sein E-Book während dieser Zeit nirgends anders verkauft. Die Anmeldung kannst du einfach weiterlaufen lassen, sodass sie sich automatisch verlängert, oder du kannst nach je 90 Tagen kündigen, wann immer du willst.

Ob man exklusiv bei Amazon bleiben sollte, ist bei Autoren im Selbstverlag heiß umstritten. Wenn dein Buch traditionell verlegt wurde, kann dein Verlag dir eventuell die Vorzüge von Exklusivität sichern und dein Buch gleichzeitig breit streuen.

Dein Buch weit zu streuen, bedeutet einfach, dass du dein Buch überall veröffentlichst, wo du kannst (oder willst).

„Aber Honorée, was soll ich dann machen?" Ich weiß, du willst, dass ich es dir einfach sage, aber das kann ich nicht.

Hier ist meine Perspektive, die auf meiner persönlichen Erfahrung beruht:

- Amazon verkauft den Löwenanteil aller Bücher. Das ist die reine Wahrheit. Ich kaufe vermutlich alle paar Tage irgendetwas auf Amazon, mindestens ein paar Mal pro Woche. Die meisten Leute verlassen sich wegen der guten Preise und der einfachen Lieferung auf Amazon, auch wenn es um Bücher geht. Viele Autoren, sogar die, die sich gar nicht für einen Exklusivvertrag entscheiden, berichten, dass der Großteil ihres Einkommens aus Tantiemen von Amazon besteht. Ich schulde Amazon eine Menge Dank für meine Karriere – dort habe ich 2004 zum ersten Mal etwas veröffentlicht. *Aber*. Wenn du nicht gerade Jeff Bezos bist, *gehört dir Amazon nicht*. Das alte Sprichwort, man solle nicht alles auf eine Karte setzen, passt hier ganz gut. Wenn dir deine Karte jederzeit weggenommen werden kann, oder wenn du den Zugriff auf deine Karte verlierst, hast du ein Problem.

  Es gibt Autoren, die mit und durch Amazon gewaltige Probleme bekommen haben. Ich möchte deine Zeit nicht verschwenden, indem ich dir hier davon erzähle, aber ich möchte, dass du die Augen offenhältst, wenn du dich für einen Exklusivvertrag entscheidest.

  Exklusiv bei Amazon zu verkaufen ist eine feine Sache, wenn du nicht so viel Zeit hast, dein Buch zu vermarkten. Es bietet dir einen einzigen Ort, an den du alle schicken kannst, und dann auch noch einen, an dem sie sich wahrscheinlich sowieso täglich aufhalten. Um mit einem positiven Gedanken zu enden: Es kann dich bei den Algorithmen beliebt machen, sodass du mit der Zeit immer mehr Bücher verkaufst und ordentliche Summen Geld verdienst. Die Marketingmaschine von Amazon läuft sehr gut und kann in dreißig Sekunden mehr Leser für dich erreichen, als du es selbst in dreißig Tagen könntest.

- Wenn du deine Bücher dagegen auf *allen* (oder zumindest vielen) der Plattformen veröffentlichst, die dir zur Verfügung stehen, behältst du viel mehr Kontrolle. Es bedeutet aber auch mehr Arbeit für dich.

  Es gibt einige wunderbare Veröffentlichungsplattformen, zum Beispiel Kobo und Draft2Digital, die von und für Autoren erschaffen wurden. Sie sind großartig darin, autorenfreundlich zu sein, sie verändern sich ständig, um sich für ihre Autoren zu optimieren, und sie bieten ein Distributionsnetzwerk, das bis in alle Ecken der Welt reicht. Joanna Penn erzählt davon in ihrem Podcast, *The Creative Penn*, und in ihrem Blog. Dein Buch breit zu streuen ist eine gute Idee, wenn du mehr Zeit dafür hast, es zu vermarkten. Außerdem ist es gut, wenn du keine geographischen Einschränkungen hast – wenn also der Mehrwert, den du bietest, nicht an ein bestimmtes Postleitzahlengebiet, eine Stadt, ein Land oder eine Region gebunden ist.

Im Allgemeinen empfehle ich Autoren, die ihr erstes Buch veröffentlichen wollen, es 90 Tage lang exklusiv bei Amazon anzubieten. So kurbeln sie die Algorithmen an und erhalten die best- und größtmögliche Markteinführung. Aber meine Klienten sind auch schwer beschäftigt und stehen mitten im Berufsleben, also haben sie keine Zeit, sich um mehrere Plattformen zu kümmern, und oft auch kein Budget, um überall Werbung zu schalten. Deine eigene Situation kann auch ganz anders aussehen.

Wenn du die Bestsellerlisten (zum Beispiel im Spiegel) im Auge hast, solltest du auf keinen Fall exklusiv über Amazon verkaufen, weil diese Listen Verkäufe über mehrere Kanäle voraussetzen – das schaffst du mit Amazon allein nicht. Außerdem gibt es da auch noch wichtiges Kleigedrucktes, das Tim Grahl in seinem Artikel „The Truth About the New York Times and Wall Street Journal Bestseller Lists" hervorragend erklärt. Den Artikel findest du hier:

https://booklaunch.com/the-truth-about-the-new-york-times-and-wall-street-journal-bestseller-lists/.

Deine Vertriebsstrategie hängt von deinen kurz- und langfristigen Ergebnissen ab.

Andere coole Buchmarketingideen

So, wie deine Vertriebsstrategie sich auf deine Verkäufe auswirken wird, gibt es auch noch zahllose andere kreative Methoden, mehr Bücher zu verkaufen – und manche von ihnen werfen unglaublich hohe Gewinne ab!

1. **BookTok**, die Buchseite von TikTok, hat aus Colleen Hoover einen Star gemacht. Du erinnerst dich wahrscheinlich daran, dass ich erst vor ein paar Seiten gesagt habe, TikTok wäre nichts für mich. Aber das heißt noch lange nicht, dass es für dich auch nichts ist! Wenn du gern kurze, lustige oder informative Videos drehst, kann BookTok viele neue Leser in deine Welt bringen.

2. **„Kostenloses Geschenk" beim Kauf** – ein kostenloses Arbeitsblatt zum Runterladen, eine limitierte Kaffeetasse oder sogar einen Gratis-Onlinekurs (im Wert von zwischen 5 und vielen Hunderten von Dollar) kann Leser dazu anregen, dein Buch zu kaufen.

3. **Eine andere Geschenkoption.** Denken wir diesen Schritt doch noch ein wenig weiter. Institutionen wie Schulen haben oft kein Budget für Fortbildungen oder Vorträge, aber sie haben ein Buchbudget. Biete einen kostenlosen Workshop oder eine Präsentation an, vielleicht sogar einen Onlinekurs, wenn sie dein Buch in Großmengen bestellen. Ich habe einen Kurs für Lehrer und andere Schulangestellte erschaffen, der

zu *Miracle Morning für Lehrer* gehört. Den biete ich in dem Abschnitt meiner Website an, auf dem man Großmengen bestellen kann: Für jedes bestellte Exemplar gibt es eine Anmeldung gratis dazu.

4. **Gastblogposts.** Ich gehöre selbst zwar nicht dazu, aber viele Blogger freuen sich über Gastblogposts, die sie mit ihrem Publikum teilen können. Suche nach Leuten, die über dein Thema oder ähnliche Themen schreiben, und biete ihnen an, einen Post mit einer kurzen Verfasserangabe, in der auf dein Buch verwiesen wird, für sie zu schreiben

5. **Quora.** Du kannst ein Experte werden, der auf dieser Seite Fragen beantwortet. Ich habe im Lauf der Jahre Hunderte von Leuten auf dieser Plattform kennengelernt, dabei mache ich dort nicht einmal viel (wenn ich mehr dort machen würde, wäre es sicher auch noch effektiver). Ich beantworte auf Quora nur Fragen, die direkt mein Fachgebiet betreffen, und überlassen anderen den Rest.

6. **Buchclubs.** Buchclubs gibt es online und vor Ort, und Leser *lieben* Autoren. Kontaktiere den Gastgeber, dann kann die Gruppe dein Buch lesen und schließlich trittst du dort auf und hältst einen Vortrag, einen Workshop oder bietest eine Fragestunde an – oder ein bisschen von allem!

7. **Lesungen**. Auch Firmenbuchclubs werden immer beliebter. 2018 habe ich einen Vortrag bei Cisco in Nordkalifornien gehalten. Im Raum waren dabei zwar nur um die 30 Leute, aber die Firma übertrug ihn an jede ihrer Niederlassungen auf der ganzen Welt. Das Gleiche habe ich 2016 bei Amazon in einer ihrer sogenannten „Fishbowls“ gemacht. Das war supercool!

8. **Buchtrailer.** Ich habe schon jede Menge cooler Buchtrailervideos gesehen. Ihre Produktion ist nicht billig (wenn du jemanden dafür bezahlst), aber wenn du Studenten an einer Filmakademie kennst oder selbst eine 4K-Kamera und Spaß am Herumfrickeln mit Schnittsoftware hast, kannst du auch einen witzigen Trailer produzieren.
   Videos sind gerade der große Trend, also kann ein Video über dein Buch sowohl Spaß machen als auch sehr effektiv wirken.

9. **Kunsthandwerkermärkte, Volkshochschulen etc.** Wo sich kreative Menschen treffen, sind Autoren gern gesehen. Nimm ein paar Dutzend deiner Bücher mit und häng ein bisschen mit anderen Kreativen herum – und triff dabei jede Menge potenzieller Leser.

10. **Lebensmittelläden.** In Lebensmittelläden werden auch Bücher verkauft, warum also nicht deines? Für deine Leser ist es ein Bonus, wenn sie dich treffen und dein Buch kaufen können, während sie eigentlich fürs Abendessen einkaufen.

11. **„Fitnessstudios".** Die setze ich lieber in Anführungszeichen, weil du auch an dein Publikum denken musst – wenn es in deinem Buch um Ernährung, Gesundheit, Fitness oder ein verwandtes Thema geht, kannst du deinem örtlichen Fitnessstudio (oder auch mehreren) anbieten, einen Büchertisch bei ihnen zu machen. Wenn es in deinem Buch um Geld geht (Management, Investitionen, Schulden usw..), kannst du auch in eine Bank gehen, dein Buch dort verkaufen und signieren und neue mögliche Kunden treffen.

12. **Geschenkeläden, Autowaschanlagen und Geschenkeläden in Autowaschanlagen.** Geschenkeläden gibt es in der Fußgängerzone (hier in Franklin, Tennessee, gibt es einige in der Innenstadt, die ich sehr liebe), in Museen und Sehens-

würdigkeiten und bei uns sogar in der Autowaschanlage (das hatten wir in Austin, wo ich früher gewohnt habe, auch). Und alle verkaufen sie Bücher! Dein Buch kann dort perfekt hineinpassen und sich von jemandem finden lassen, der (a) von außerhalb deine Stadt besucht, (b) nach dem perfekten Geschenk sucht oder (c) ein bisschen Zeit übrig hat.

13. **Podcasts.** Über Podcasts habe ich schon gesprochen, aber noch nicht aus dieser Perspektive. Stephanie Bond, eine sehr produktive Autorin von Krimis, Romanzen und romantischen Krimis, schreibt und veröffentlicht einige ihrer Bücher als Serien.

    Ich bin schon lange Fan von Stephanie und war sehr erfreut, als ich sie nach einem Vortrag bei einem Autorentreffen 2021 kennenlernen durfte. Dann hörte ich von ihrer Serie *Coma Girl*. Über diese Serie und darüber, wie es ihr gelungen ist, diese Inhalte neu zu verpacken, könnte ich ein ganzes Kapitel schreiben.

    Hier ist die Kurzfassung für dich: Sie hat einen Podcast entwickelt, in dem sie jeden Tag eine kurze Episode ihrer Serie liest. Warum solltest du dein Buch nicht auch als Podcast im Serienformat veröffentlichen und deiner potenziellen Kundschaft eine weitere Methode zur Verfügung stellen, es kostenlos zu hören?

Außerdem sollten auch noch Messen, Konferenzen und örtliche Vereine (Buchclubs, Hobbyvereine und sogar Sportvereine und Golfclubs) ehrenhaft erwähnt werden.

Als Nächstes wenden wir unsere Aufmerksamkeit einer meiner Lieblingsmethoden zu, Bücher zu verkaufen: in Großmengen (und dafür habe ich sogar eine ganz besondere Methode, die dir hoffentlich gefallen wird).

Bücher in Großmengen verkaufen

Warum solltest du nur ein Buch verkaufen wollen, wenn du auch gleich Zehntausende verkaufen könntest? Ich habe zum ersten Mal erlebt, wie großartig es sich anfühlt, Großmengen zu verkaufen, als ich mein erstes Buch auf den Markt brachte.

Indem ich fragte: *Wollen Sie zwischen 10 und 100 Büchern kaufen?* und diese Zahlen dann auf 100 und 1.000 anhob, konnte ich von Anfang an Großmengen meiner Bücher verkaufen.

Versteh mich nicht falsch; ich verkaufe sehr gern ein Buch an eine Person – jeder Leser zählt –, aber Großmengen zu verkaufen macht nicht nur Spaß, es bringt außerdem auch noch tolle Ergebnisse.

Auf die Idee, diese Frage zu stellen, brachte mich der Koautor von *Hühnersuppe für die Seele*, Mark Victor Hansen. Letztendlich führte seine Idee zu vielen der Bücher, die ich in Großmengen verkauft habe.

Warum das so eine tolle Idee ist? Aus ganz vielen Gründen, aber hier ist mein liebster – ein Zwei-in-Eins-Grund:

Wenn du deine Einzelaktivitäten verstärkst und dich gleichzeitig auf Großmengenverkäufe konzentrierst, vervielfacht sich dein Profit und du sparst Zeit.

Du kennst sicherlich das Sprichwort „Viele Hände, schnelles Ende". Tja, das funktioniert auch umgekehrt. Mit nur ein paar wenigen Großmengenverkäufen kannst du viele Bücher an dein Publikum bringen. Ein Gespräch kann zum Verkauf von 50, 100 oder sogar 10.000 Büchern führen, wodurch dein Profit sich mit 50, 100 oder 10.000 multipliziert. Außerdem dauert es nicht viel länger, eine Großmenge zu verkaufen, als ein einzelnes Buch. 10.000 Bücher auf einmal zu verkaufen dauert vielleicht eine

Stunde (okay, vielleicht auch drei), aber ich garantiere dir, dass es nicht möglich ist, 10.000 einzelne Bücher auf die gleiche Weise in weniger als 30 Stunden zu verkaufen. Dadurch erhöht sich deine Marge, weil du weniger bezahlst, wenn du in Großmengen einkaufst.

Wenn du darüber nachdenkst, ob dein Buch sich gut dafür eignet, in Großmengen verkauft zu werden, stell dir die folgenden Fragen:

- Können andere Unternehmer mein Buch nutzen, um für ihr Unternehmen zu werben? *Sprich, steht darin klar und deutlich, warum es eine gute Idee ist, jemanden aus unserem Wissensgebiet anzuheuern?*

- Oder könnten diese Unternehmer das Buch nutzen, um ihren Klienten mit Problemen zu helfen? *Sprich, verschafft dein Buch ihren Klienten oder Kunden ein besseres Erlebnis, während sie ihre Expertise in Anspruch nehmen?*

- Könnten Firmen, Gruppen oder Verbände mein Buch als Ressource, Lehrbuch oder etwas anderes nutzen? *Sprich, nachdem Firmenbuchclubs jetzt keine Seltenheit mehr sind, haben Verkaufsleute oder ihre Teams manchmal Listen mit Lesevorschlägen und kaufen diese Bücher für alle in der Gruppe.*

Wenn du eine oder mehrere dieser Fragen mit ja beantwortest, wird es wahrscheinlich Zeit, dass du *Buchverkäufe in Großmengen* auf deine To-do-Liste setzt.

Falls du dir nicht sicher bist, sind hier ein paar Beispiele in der gleichen Reihenfolge:

- Businesscoaches haben meine Bücher *Vision to Reality* und *Business Dating* für ihre Coachingsessions genutzt. Im ersten dieser Bücher erkläre ich, warum es gut ist, Coaches anzuheuern und zu nutzen; im zweiten finden Coaches einen Prozess, mit dem sie ihren Klienten helfen können, durch internationales Netzwerken und Beziehungsentwicklung schneller zum Erfolg zu kommen.

- *If Divorce is a Game, These are the Rules* wird von Scheidungsanwälten genutzt, um ihren Klienten mit ihrer Scheidung zu helfen. Durch diese Bücher empfehlen sie ihren Klienten, sich an einen Verhaltenskodex zu halten und sich bei anderen Profis Hilfe zu holen (Therapeuten, Fitnesstrainern usw.), sodass die Anwälte selbst sich ganz auf die rechtlichen Aspekte der Scheidung konzentrieren können.

- *Miracle Morning für Lehrer* und viele andere Bücher aus dieser Reihe sind zu einer Ressource zur emotionalen Unterstützung für Lehrer, Verwaltungsangestellte und ganze Schulbezirke geworden. Sie zeigen positive Prozesse auf, die Lehrern und Schülern helfen, besser mit Stress umzugehen und bessere Resultate zu erzielen.

Keines dieser Bücher wurde mit genau dieser Absicht geschrieben, aber sie haben sich trotzdem gut verkauft und tun es immer noch.

Idee: Stell dir mal vor, wie es wäre, ein Buch mit genau der Absicht zu schreiben, dass es sich besonders gut für Großmengenverkäufe eignet, weil es sowohl für diejenigen, die es kaufen, als auch für diejenigen, die es lesen, Probleme beseitigt oder Lösungen aufzeigt.

Ein Schritt weiter. Manchmal reicht es nicht aus, ein Buch in Großmengen zu verkaufen; manchmal wollen die Leute, die es kaufen, auch ein auf sie zugeschnittenes Buch.

Auf die Idee, maßgeschneiderte Großmengen anzubieten, brachte mich der Käufer einer Großmenge – er fragte mich einfach, ob es mir etwas ausmachen würde, seine Kontaktdaten auf der Rückseite des Buches abzudrucken, damit das Risiko, seine Visitenkarte könne vom Buch getrennt werden, nicht mehr so groß wäre.

Er kaufte sowieso schon Großmengen, direkt bei Amazon, als er mich um ein Treffen bat. Bei diesem Treffen bot er mir an, mir eine Mindestmenge *meiner Wahl (!)* von den Büchern abzunehmen, wenn er sie auf sich und seine Firma zuschneiden dürfte.

Ich gab ihm die Erlaubnis, ausschließlich die Rückseite des Buches zu verändern, und vereinbarte mit ihm, dass er mir mindestens 1.000 Exemplare abnehmen und eine Einmalzahlung für die Einrichtung der Änderung leisten musste.

[Nebenbei: Wenn du genau wissen willst, wie ich es schaffe, meine Bücher in Großmengen zu verkaufen, schau dir mal meinen Kurs *Building a Million Dollar Book Business* an. Mit dem Code MKTGBOOK bekommst du 1.000 Dollar Rabatt.]

Seither kauft er alle paar Jahre 10.000 Exemplare des Buches und es ist wenig überraschend, dass er unter den Leuten in seiner Branche die Nummer Eins in seinem Bundesstaat ist (dass er nicht im ganzen Land die Nase vorn hat, liegt nur daran, dass sein Geschäft geographisch eingeschränkt ist).

Fallstudie aus dem echten Leben: Beth Ann Ramos, die Autorin von I'm Getting New Glasses

Du erinnerst dich bestimmt noch an Beth Ann Ramos, die Autorin von *I'm Getting New Glasses*, von der ich dir schon im 7. Kapitel erzählt habe. Sie schrieb ihr Buch, um Werbung für die Augenarztpraxis ihres Mannes zu machen und um Kindern zu helfen, sich beim Gedanken an eine neue Brille gut zu fühlen.

Seien wir doch mal ehrlich: Wenn du als Kind eine Brille bekommen hast, war das wahrscheinlich nicht die allerbeste Erfahrung deines Lebens. Vielleicht haben dich die anderen Kinder deshalb gehänselt oder du hattest das Gefühl, dass du eine Brille brauchst, weil mit dir etwas nicht stimmt. Aber ich schweife ab.

Innerhalb von zwei Monaten nach Veröffentlichung des Buches (zu dem Zeitpunkt, an dem ich das hier schreibe) ist aus Beth eine Vertrauensperson eines nationalen Verbandes unabhängiger Augenärzte geworden und sie bietet ihr Buch Augenärzten im ganzen Land in Großmengen an.

Kinder lieben es, dieses Buch zu lesen (bisher habe ich noch keines der Exemplare, die ich davon verliehen habe, wieder zurückbekommen). Ich habe gehört, dass Beths Mann es liebt, weil es als praktisches Werbeinstrument viel effektiver ist als andere, die er ausprobiert hat, und weil es Kindern hilft, ihre Brille stolz zu tragen.

Das ist ein dreifacher Sieg! Aber vergessen wir auch nicht den vierten Sieg: Beths eigenen. Sie hat eine Menge gewonnen, weil sie nicht nur Buchtantiemen bekommt, sondern auch an Großmengenverkäufen und an maßgeschneiderten Großmengenverkäufen verdient.

Beths Geschichte ist ein tolles Beispiel dafür, wie Kreativität dir helfen kann, sowohl Einzelexemplare als auch Großmengen deines Buches zu verkaufen. Aber dein Buch kann dir auch helfen, dein Unternehmen – exponentiell – wachsen zu lassen *und* dabei auch noch Spaß zu haben.

Du fragst, wie das denn bitte schön gehen soll? Ganz einfach – lies einfach das nächste Kapitel, mein Freund.

Marketing mit deinem Buch

Einer der Hauptgründe, aus denen du dein Buch geschrieben hast, ist, sichtbarer zu werden, mehr Kundschaft zu finden und mehr Geld zu verdienen. Und aus genau diesem Grund kannst du dein Buch als dein wichtigstes Marketingwerkzeug einsetzen.

Es gibt zahlreiche Methoden, wie du dein Buch zu Marketingzwecken nutzen kannst, also zeige ich dir meine Lieblingsstrategie (die ich, bei aller Bescheidenheit, auch für die effektivste halte): wie du dein Business mit deinem Buch vermarktest.

Die besten Strategien für Marketing mit deinem Buch

Der subtile Unterschied dazwischen, „Marketing für dein Buch" und „Marketing *mit* deinem Buch" zu machen, liegt darin, dass letzteres sich ausschließlich darauf fokussiert, dein Buch zu nutzen, um neue Kunden zu finden oder dein Business zu vergrößern. Manche Klienten werden zu dir kommen, nachdem sie dein Buch gekauft haben, aber andere kommen am schnellsten dann zu dir, wenn sie dein Buch geschenkt bekommen haben (von dir oder von jemand anderem).

Was ich in *Du MUSST ein Buch schreiben* erwähnt habe, stimmt immer noch: Wenn du Marketing mit deinem Buch betreiben möchtest, wirst du eine Menge Bücher verschenken müssen. Das funktioniert so ähnlich wie früher, bevor du Autor wurdest, als du deine Visitenkarten oder Marketingflyer verteilt hast. Allerdings mit einem riesigen Unterschied: Visitenkarten und Flyer landen irgendwann in der Rundablage P – wahrscheinlich, ohne dass jemals ein Geschäft zustande kam. Aber mit Büchern ist es anders!

Wenn dein Buch erst einmal in den Händen eines potenziellen Kunden liegt, bekommt es fast immer die Zeit und die Aufmerksamkeit, die es verdient. Allermindestens wird es deine Glaubwürdigkeit und deine Autorität auf deinem Gebiet bezeugen, sodass deine Kunden gleich mehr dazu neigen, dich anzuheuern. Und zwar auch dann, wenn sie dein Buch nicht einmal gelesen haben!

Wenn du der Experte bist, der das Problem eines anderen lösen kann (vor allem, wenn es ein großes oder dringliches Problem ist), wird dein Buch wenigstens schnell überflogen werden, wenn nicht sogar eingehend studiert. Seien wir ehrlich: Dein Buch allein kann dazu führen, dass jemand so viel Vertrauen zu dir fasst, dass er dich zumindest kontaktiert.

Hab immer ein Buch dabei

Gedruckte Bücher kosten unglaublich wenig, sogar fest gebundene Bücher mit Schutzumschlag. Glaubst du mir nicht? Dachte ich mir. Aber denk nur mal daran, was es kostet, ein Taschenbuch drucken zu lassen. Wenn es nicht besonders dick ist, zahlst du inklusive Steuern und Versand vielleicht 4 Dollar pro Buch. Wie viel zahlt dir deine Kundschaft? Was verdienst du netto? Ist es deutlich mehr als 4 Dollar? Siehst du.

Bücher mit einem breiten Lächeln im Gesicht zu verschenken, ist es wert, vor allem, wenn du dir klar machst, welche Rendite du davon erwarten kannst.

Bei Veröffentlichung dieses Buches habe ich ungefähr ein oder zwei Hardcover-Exemplare von *Du MUSST ein Buch schreiben* pro Woche verschenkt. Wenn ich eine bessere Netzwerkerin wäre, hätte ich sicher noch mehr verschenkt. Diese fest gebundenen Exemplare kosten mich ungefähr 10 Dollar pro Stück (inklusive Steuern und Versand).

In meinem Auto habe ich eine kleine Tasche mit Taschenbüchern und Hardcover-Büchern und *jedes Mal, wenn ich ein Event besuche*, stecke ich mir eines davon in die Handtasche, um es zu verschenken. Meistens gelingt mir das auch.

Oh, und einen Stift!

Biete immer an, eine Widmung (mit dem Namen der Person) und ein Autogramm (deine schönste Unterschrift) in die Bücher zu schreiben, die du verschenkst. Wenn du jemandem einen ganzen Stapel gibst, damit er sie weiter verteilen kann, achte darauf, dass du sie wenigstens signierst.

Bestell dir eine riesige Box schwarzer Sharpie-Stifte bei Amazon oder einem anderen Anbieter und lass sie überall liegen, wo dich jemand bitten könnte, dein Buch zu signieren – zu Hause, im Büro, in deiner Aktentasche und in jedem Auto deines Haushalts.

Wenn du statt schwarzer Stifte welche bestellst, die farblich zu deinem Buch passen, bekommst du Bonuspunkte von mir. Das Farbschema von *Du MUSST ein Buch schreiben* ist rot, das von diesem Buch ist blau.

Du kannst deine Bücher so locker weggeben, als wären es deine Visitenkarten, und genau das solltest du auch tun. Es wird dir so viel Spaß machen, deine Leser kennenzulernen, Bücher für sie zu signieren und sie glücklich zu machen!

Ich weiß, nicht jeder hat das Budget, das man braucht, um Bücher zu verschenken. Wenn du dich jetzt gemeint fühlst, melde dich unbedingt bei BookFunnel an, fasse bei jedem Meeting und jedem Neukontakt nach und verschicke Links, mit denen man sich ein digitales Exemplar deines Buches herunterladen kann. Ich verspreche dir: Wenn du bei Marketing und Verkauf deines Buches am Ball bleibst, wirst du mehr als genug Geld haben, das du wieder zurück in dein Buchgeschäft stecken kannst und von dem du einen guten Teil abzweigen können wirst, um Bücher zu Marketingzwecken zu verschenken.

Bestelle, bevor du sie brauchst

Ich versuche immer, ein bis zwei Dutzend Exemplare zur Hand zu haben, oder sogar noch mehr, wenn ich eine Konferenz oder ein größeres Event besuche, bei dem es schade wäre, wenn mir die Bücher ausgehen.

Wenn deine Bücher ankommen, solltest du dir erst Zeit nehmen, sie zu signieren und in jedes Exemplar eine Visitenkarte zu legen. Achte auch darauf, dass du genug wattierte Umschläge und Adressaufkleber hast, damit du schnell ein Buch verschicken kannst, wenn jemand dich darum bittet. Falls du einmal kein Buch bei dir hast, machst du das am besten zum Gesprächsthema: „Ich hätte da ein Buch, das Sie interessieren könnte, ...“ und dann das Angebot, der Person ein Exemplar zuzuschicken.

Mein Notfallplan besteht darin, die Postadresse zu erfragen und dem Kontakt dann ein signiertes Buch mit einem kurzen Anschreiben zu schicken. So kommt man ganz schnell von einem Anknüpfpunkt auf zwei! Am besten hakst du dann ein bis zwei Wochen später noch einmal nach, um sicherzustellen, dass dein Buch angekommen ist. Dein Anruf oder deine E-Mail fungiert dadurch gleichzeitig als sanfte Erinnerung daran, dein Buch zu lesen.

Kauf sie in Großmengen

Du kannst deine Bücher nicht nur in Großmengen verkaufen und dich einer tollen Marge erfreuen, du kannst sie auch in Großmengen kaufen (statt nur ein Dutzend oder fünfzig Exemplare auf einmal).

Bei der Druckerei Großmengen zu bestellen ist eine gute Idee und sorgt dafür, dass du weniger investieren musst, während dein Profit gleichzeitig steigt. Es kommt gar nicht so selten vor, dass du bei der richtigen Druckerei 500 Exemplare zum gleichen Preis bekommst, den du sonst für 200 Stück gezahlt hättest.

Säe dein Buch aus

Um im Herbst etwas ernten zu können, musst du im Frühjahr etwas säen. Wenn du dein Buch allerdings beständig aussäst, musst du den Frühling nur einmal mitmachen – weil du so ständig weitersäst, wenn du erst einmal angefangen hast, und ebenso ständig die Früchte deiner Arbeit erntest. Und währenddessen strömen auch noch stetig neue Geschäfte durch deine Tür!

Hoffentlich hast du inzwischen ein 12x12 erstellt und damit eine Liste von Dutzenden von Geschäftsleuten erschaffen, die auf andere Weise mit deinem idealen Leser interagieren. (Das 12x12 ist ein System, das ich in meinem Netzwerk- und Unternehmensentwicklungsbuch *Business Dating* vorgestellt habe. Es hilft dir, Netzwerkkontakte zu identifizieren, die dir helfen, dein eigenes Business zu vergrößern.)

Was du jetzt bedenken solltest, ist, dass die Geschäftsleute auf dieser Liste mindestens genauso stark davon profitieren können, dein Buch an ihre (potenziellen und bestehenden) Kunden weiterzugeben wie du.

Dazu noch ein paar Worte. Wenn eine Geschäftsperson, der du dein Buch geschenkt hast, es weitergibt, entsteht dadurch etwas, das ich den „Hattrick der Großartigkeit" nenne: Die Person, der sie das Buch gibt, gewinnt (sie hat das Geschenk großartiger Informationen erhalten), der Schenker gewinnt (er hat seine Beziehung zu der beschenkten Person vertieft oder die Vertiefung beschleunigt) und du, der Autor, gewinnst (und bekommst am Ende vielleicht sogar einen neuen Kunden). Win-win-win – die beste Situation, die man haben kann!

Du hast jetzt also einen ordentlichen Vorrat an Büchern und eine Liste von Menschen, die auf deinem Masterplan stehen (die in deinem 12x12 stehen), also wird es Zeit, die Bücher so schnell wie möglich in die Welt zu entlassen.

Hier ist eine Liste mit Methoden, wie du die Ideenpumpe in Gang bringen kannst – nur für den Anfang, es gibt natürlich noch zahlreiche andere:

- Schick jeder Person auf deiner Liste ein Exemplar deines Buches und biete ihnen an, ihnen zusätzliche Exemplare zum Weitergeben zu schicken. *Achte darauf, dass du ihnen eine Anleitung an die Hand gibst, zum Beispiel:* Geben Sie das Buch gern an Ihre Kunden weiter. Sie können jederzeit neue bekommen.

- Schick allen Leuten, die in deinem Buch vorkommen, je ein Exemplar, bei dem alle entsprechenden Seiten markiert sind, und leg einen kurzen Dankesbrief für ihre Erlaubnis bei. *Wenn es eine Überraschung ist, schreib ihnen, warum du sie in deinem Buch erwähnt hast, und vielleicht sogar, warum du sie bewunderst.*

- Teile dein Buch mit Leuten, deren Dienstleistungen du in Anspruch nimmst. Gehst du zum Check-up zu deinem

Hausarzt? Lässt du dir zweimal im Jahr die Zähne reinigen? Gehst du zum Friseur, zur Maniküre oder zur Massage? Gib der Person, die dich bedient – und ihren Kollegen – ein Exemplar und lass eines im Wartezimmer liegen. Auch alle Leute, die deiner Firma juristische, steuerliche oder finanzielle Beratung zukommen lassen, brauchen je ein Exemplar.

- Verreist du geschäftlich oder privat? Lass ein Exemplar in jedem Hotelzimmer, jedem Foyer, jedem Café, im Flugzeug und im Taxi. Besuche örtliche Buchhandlungen und frage sie, ob sie ein Exemplar haben wollen (oder es sogar in ihr Sortiment aufnehmen möchten).

- Bring ein Exemplar (oder mehrere) in deine örtliche Bibliothek. Vielleicht gibt es dort sogar die Möglichkeit für dich, einen Workshop zu deinem Expertengebiet zu halten.

- Freunde ... Hast du Freunde, die in Firmen arbeiten, die von deinem Buch profitieren könnten? Würden sie es in Großmengen bestellen? Dich für deine Expertise anheuern? Dein Buch weitergeben oder es auf ihren eigenen Reisen aussäen?

- ... und Familie. Vielleicht würde es der Alma Mater deiner Frau gefallen, dir eine außerordentliche Professur zu verleihen, nachdem du jetzt ein Buch geschrieben hast. Oder vielleicht ist dein Mann häufig auf Geschäftsreise – würden seine Kunden sich vielleicht über ein Exemplar deines Buches freuen?

Ganz im Ernst, ich könnte tagelang mit dieser Liste weitermachen; die einzige Grenze für deine Optionen ist deine Fantasie.

Natürlich versuchst du am Ende zu erreichen, dass dein Buch bekannt wird, dass du zahllose Exemplare davon verkaufst und dass neue Geschäfte dir Millionen von Dollar einbringen, also schau dir jede Taktik genau an und entscheide dann, ob sie Teil deiner größeren Strategie sein sollte.

Jetzt, da du so weit gelesen hast, habe ich Grund zur Hoffnung, dass dir selbst ein paar großartige Ideen einfallen werden. Möchtest du sie teilen? Schick mir eine E-Mail: Honoree@HonoreeCorder.com. Ich will unbedingt wissen, auf welche Ideen du gekommen bist!

Hoffentlich habe ich deine Hirnzellen angekurbelt und du hast schon eine ganze Liste mit Methoden, wie du Marketing *mit* deinem Buch machen kannst.

Aber wir sind noch nicht ganz fertig. Ein paar wichtige Dinge müssen wir noch besprechen, also schreib noch schnell ein paar Ideen auf, dann geht es weiter.

Improvisieren, anpassen & überwinden

Wir haben schon ein bisschen darüber gesprochen, dass du deine Marketingaktivitäten analysieren musst, wenn du wissen willst, ob sie die Früchte tragen, die dir vorschweben.

Gehen wir doch noch eine Ebene tiefer, um sicherzustellen, dass du wirklich das tust, was für dich am besten funktioniert. Du musst wissen, wann du deine Anstrengungen anpassen musst, wann du dich voll hineinknien solltest und wann du etwas lieber lässt.

Im ersten Jahr nach der Markteinführung eines meiner Bücher bewerte ich meinen MAP alle 90 Tage.

Mein Ziel dabei ist es, das, was ich gemacht habe, zu analysieren, um zu sehen, ob es funktioniert, sehr gut funktioniert oder nicht funktioniert. Hier ist ein Einblick in meinen Prozess.

Analysiere deine Marketingstrategien

Ich habe eine Drei-Schritt-Formel, mit der ich meine Marketingstrategien analysiere, und sie ist einfacher, als du denkst:

1. Bemerke ich einen Anstieg bei meinen Verkäufen oder scheint alles gut in Schwung zu sein?

2. Schreibe ich nach einer vernünftigen Zeit schwarze Zahlen (mache ich Profit)?

3. Macht mir der Prozess Spaß?

Schauen wir uns doch jeden dieser Schritte einmal genauer an.

Erstens: Bemerke ich einen Anstieg bei den Verkäufen oder scheint alles gut in Schwung zu sein?

Ich weiß mit Sicherheit, dass ich so ziemlich jedes Mal, wenn ich in einem Podcast oder bei einer Konferenz ein Interview gebe, hinterher eine Spitze bei meinen Buchverkäufen feststellen kann. Deshalb nehme ich praktisch jede Einladung zu einem Podcast an (für mich gibt es keine Podcasts, die zu groß oder zu klein sind) und suche immer nach weiteren Podcasts, bei denen ich gern zu Gast wäre.

Ich habe viel Zeit darauf verschwendet, Dinge zu machen, die nicht ganz so gut funktioniert haben, aber als Optimistin entscheide ich mich, das Glas als halbvoll zu sehen: Immerhin habe ich so gelernt, was nicht funktioniert.

Außerdem ist es wichtig, dass du dir vorher klarmachst, was du als Erfolg verbuchen willst und was für dich einen Misserfolg ausmacht.

Ein Beispiel: Wenn ich einen ganzen Tag auf einer Messe verbringe und dort ganze fünf Bücher verkaufe, sieht das vielleicht so aus, als wäre ich gescheitert. Reisekosten, Verpflegung und Unterkunft allein können mich leicht tausend Dollar kosten, und dazu kommen noch einmal die Kosten für das Sponsoring oder den Stand. Aber wenn auch nur einer dieser fünf Menschen, die mein Buch gekauft haben, danach einen meiner Kurse bucht, sich meiner Mastermind-Gruppe anschließt oder mich engagiert, damit ich ihm mit seinem Buch helfe, ist das auf alle Fälle ein Erfolg.

Ob eine Maßnahme erfolgreich war oder nicht, weiß ich oft erst mit einigem zeitlichen Abstand (manchmal ein ganzes Jahr oder länger).

Eine solche Situation bringt mich ins Grübeln, wenn ich über zukünftige Gelegenheiten nachdenke. Ich stelle mir dann folgende Fragen:

- Gibt es eine direkte Verbindungslinie von dem, was ich mache, zu meiner potenziellen Kundschaft?
- Dauert es länger, bis ein Kunde meine Dienstleistung in Anspruch nimmt, weil es eine gewisse Investition darstellt?
- Gibt es einen einfacheren oder lukrativeren Weg, mich zu vermarkten?

Solche Fragen solltest du dir stellen, *bevor* du eine Gelegenheit ergreifst – aber denk daran: Du kannst alles Menschenmögliche machen, um die bestmögliche Entscheidung zu treffen, und trotzdem nicht das erreichen, was du willst. Dein Wunschresultat kann eine Weile brauchen, bis es sich zeigt.

Andererseits kann auch gleich der erste Schuss ins Schwarze treffen. Solange du zielgerichtet und überlegt handelst, kannst du nicht mehr als dein Bestes geben.

Zweitens: Ist eine bestimmte Taktik profitabel?

Ich nutze AMS (Amazon Marketing Services) für Werbung für eines meiner Bücher, das erste in einer Serie. Diese Investition ist manchmal (meistens, zumindest über 60 % der Zeit) profitabel, aber nicht immer. Warum ich damit trotzdem weitermache? Weil die Leser dieses Buches auch die anderen drei Bücher der Serie kaufen. Außerdem kaufen sie zusätzlich zu den E-Books auch die

Hörbücher oder die Taschenbücher. Die Serie verkauft sich wirklich gut und ich weiß, dass sie sich besser verkauft, wenn ich die Werbung schalte, als wenn ich sie nicht schalte. Ich habe beides ausprobiert und kann mit Sicherheit sagen, dass die Werbung einen Unterschied macht.

Auch für *Du MUSST ein Buch schreiben* schalte ich Werbung, die allerdings nicht immer profitabel ist. Würde ich sie ausschließlich auf Basis der Buchverkäufe analysieren, müsste ich in Frage stellen, ob diese Strategie wirklich etwas taugt.

Aber wenn man die anderen Bücher, Kurse und die Mastermind-Gruppe mit einrechnet, ist sie jeden Penny wert.

Du wirst nicht jedes Mal, wenn du 10 Dollar ausgibst, 100 Dollar von der Stelle zurückbekommen, wo du sie ausgegeben hast. Häufig legst du mit deiner Werbung nur einen Samen in die Erde, der mit der Zeit wachsen und ein Vielfaches von dem, was du ausgegeben hast, an anderer Stelle wieder einbringen wird.

So, wie ich das sehe, läuft das Geld alles auf das gleiche Konto.

Solange ich mit etwas, das ich mache, nicht ständig Geld verliere, sondern einen direkten oder indirekten Profit herausziehen kann, mache ich damit weiter.

Achte darauf, alle Einkommensquellen und alle Kosten im Blick zu behalten, die deine Marketingaktivitäten verursachen.

Drittens: Macht es Spaß?

Dein Buch zu vermarkten und zu verkaufen kann profitabel sein. Dein Buch zu vermarkten und dadurch neue Kunden zu erreichen, ist Grund genug, die Korken knallen zu lassen. Aber das, was am Ende dabei herauskommt, ist doch nicht alles, was zählt.

Ich habe es schon einmal gesagt, aber man kann es nicht oft genug wiederholen: Du solltest wirklich Freude an der Vermarktung deines Buches haben.

Wenn du eine Buchmarketingstrategie erschaffen hast und sie die ersten Resultate bringt, ist das toll. Aber wenn du es hasst, diese Podcastinterviews zu geben, oder wenn du einfach nicht gern Buchclubs besuchst, dann mach es nicht.

Heutzutage ist es salonfähiger geworden, über mentale Gesundheit zu sprechen, also will ich auch meinen Senf dazugeben.

Ich kann gar nicht genug betonen, wie wichtig es ist, dass es dir gut geht, dass du stabil und positiv bleibst, während du dich um alle wichtigen Dinge kümmerst: die Arbeit, die Familie, das Leben und das Buchmarketing.

Bitte prüfe regelmäßig, ob bei dir alles in Ordnung ist, und achte darauf, dass du dich so gut wie möglich um dich selbst kümmerst – während du gleichzeitig die einzelnen Punkte deines Buch-MAP angehst.

Bevor du fragst: Ja, ich prüfe auch regelmäßig, ob mir das, was ich mache, noch Spaß macht. Wenn nicht, sage ich einfach nein. Wenn du das sorgfältig bewertest, kannst du mehr Bücher verkaufen und dabei jede Menge Spaß haben!

Halte deine Buchmarketingstrategie und deinen Plan auf dem neuesten Stand

Was am Anfang noch wie Buchmarketingzauberei funktioniert, wird eventuell mit der Zeit immer weniger effektiv. Wenn ich nach 90 Tagen merke, dass eine Marketingtaktik verändert werden muss, heißt das für mich: *improvisieren, anpassen & überwinden.*

Das ist eine Methode, die ich von meinen Freunden in Uniform (danke für eure Dienste!) gelernt habe und die mir schon gute Dienste geleistet hat. Sie kann auch dir helfen.

Improvisieren: ***Etwas mit dem Material, das dir bereits zur Verfügung steht, neu arrangieren, erschaffen oder herstellen***

Immer wieder kommt die Zeit, in der ich merke, dass ich etwas mache, was ein winziges bisschen verändert werden muss. Aber genau wie ich mich nicht einfach in das nächste Buchprojekt stürze, schütte ich auch hier das Marketingkind nicht mit dem Bade aus.

Ein Beispiel dafür ist, wie Instagram sich von Fotos hin zu Stories und weiter zu Videos entwickelt hat. Bei Videos mische ich bisher noch nicht mit, aber ich teile meine Posts (und die von anderen) in meinen Stories. Dabei füge ich Fragen, Quizze, Musik, Links und Hashtags hinzu.

Deine Taktiken werden nur sehr selten für die ganze Lebensspanne deines Buches funktionieren. Bei deiner Auswertung wirst du schnell feststellen, welche Lücken du füllen solltest.

Anpassen: ***Sich auf verschiedene Bedingungen, Umgebungen usw. einstellen***

So, wie sich Taktiken ändern, ändern sich auch die sie umgebenden Bedingungen. Das Einzige, was unveränderlich bleiben sollte, ist deine PGH: deine **p**ositive **G**eistes**h**altung. Egal, was dich umgibt, du solltest mit dem Kopf an einem positiven Ort bleiben, weiterhin tolle Fragen stellen und dich auf neue Bedingungen einstellen.

Überwinden: ***Siegen; aus einer Situation das Beste machen***

Mach dir klar: Ganz egal, in welcher Umgebung du und dein Buch euch befindet, du kannst triumphieren.

Setz einfach weiter einen Fuß vor den anderen, rede weiter über dein Buch und lächle.

Du schaffst das!

Und schließlich die beste Buchmarketingstrategie von allen – und ja, sie funktioniert wirklich!

Bitte sei nicht sauer auf mich, ich sage dir nur, wie es ist. Dies ist die beste Buchmarketingstrategie, die es gibt:

Schreib dein nächstes Buch.

Bevor du dieses Buch jetzt in den Mülleimer wirfst, reklamierst oder anzündest, denk bitte erst einmal an folgendes:

Du hast doch bestimmt einen Lieblingsautor, oder? Hat der nur ein Buch geschrieben?

Nein, wahrscheinlich nicht. Die Wahrheit sieht doch eher so aus: Eines Tages entdecktest du ein Buch von der Person, die dein Lieblingsautor werden sollte. Du hast es gelesen. Geliebt. Rezensiert (du hast es doch rezensiert, oder etwa nicht?). Weiterempfohlen. Deinen Freunden und deiner Familie ans Herz gelegt, sie sollten es lesen.

Und irgendwo in dem Prozess hast du dich umgeschaut, ob es noch andere Bücher von dieser Person gibt, die du lesen konntest. Und siehe da, der Autor hatte noch mehr Bücher geschrieben. Und was hast du getan? Genau! Du hast auch diese Bücher gelesen. Das weißt du ganz genau.

Und jetzt gerade liest irgendwer irgendwo dein Buch und liebt es. Er erzählt all seinen Freunden davon, schreibt eine Rezension und sucht nach mehr Büchern, die er lesen kann.

Moment mal, es gibt nur ein Buch? (Wenn ja, ist das auch okay.)

Du solltest ernsthaft darüber nachdenken, dein nächstes Buch zu schreiben. Ich habe schon ein paar geschafft und kann dir versichern, dass es immer einfacher wird. Man gewinnt Selbstvertrauen. Die Wörter fließen leichter. Der ganze Prozess überfordert einen beim zweiten Mal nicht mehr so wie am Anfang.

Die meisten Autoren entdecken zwei Dinge, wenn sie Autoren werden: Erstens, dass es ihnen besser gefällt, als sie gedacht hätten, und zweitens, dass sie noch mehr zu sagen hätten.

In einem weiteren Buch.

Fühlst du dich davon angesprochen? Das hoffe ich sehr, denn jedes Buch, das du schreibst, wird deine Reichweite und deinen Fußabdruck vergrößern.

Jetzt ist unsere gemeinsame Zeit fast vorbei. Aber bevor sich unsere Wege trennen, möchte ich dich noch vor eine Herausforderung stellen. Bist du bereit?

Die Buchmarketing-Challenge

Jetzt hast du das ganze Buch durchgelesen und es wird Zeit für dich, deinen Buchmarketing-Aktionsplan zu erschaffen – und dir alle Vorteile zu sichern, die dir als Autor zur Verfügung stehen.

Weißt du, das wirklich Schöne daran, Autor zu sein, liegt nicht ausschließlich in Buchverkäufen. Es hat auch nicht nur damit zu tun, dass du dir neue Geschäfte erschließt.

Es liegt nicht in Großmengenverkäufen allein, oder in den Vortragsanfragen, die du bekommst – und nicht einmal in den weiteren Büchern, die du schreiben kannst.

Das wirklich Schöne daran liegt in all diesen Dingen!

Deine Bücher verleihen deiner Marke Schwung, indem sie dein Gesicht und deinen Namen bekannt machen. Warte nur ab, wie du dich fühlen wirst, wenn dir zum ersten Mal jemand sagt: „Oh! Ich habe Ihr Buch gelesen und es hat mein Leben verändert."

Dein Buch bringt mehr Geschäfte durch deine Tür, und zwar auf leichte, lustige und lukrative Weise. Du wirst dir selbst ein Lächeln schenken, wenn du zum ersten Mal einen Scheck von einem Kunden einlöst, der dich angerufen und nach nicht mehr als einem kurzen Gespräch engagiert hat.

Dein Buch etabliert dich als Experten. Irgendwann wird der Zeitpunkt kommen, an dem du hörst, dass du bei mehreren anderen passenden Kandidaten den Zuschlag erhalten hast – nicht nur, weil du der Beste in deinem Feld bist, sondern weil dein Buch so überzeugend war.

Allein ein Buch geschrieben zu haben ist absolut großartig! Aber jetzt musst du dich der Herausforderung stellen, dein Buch regelmäßig, vielleicht sogar täglich, zu vermarkten – so, wie du dir die Zähne putzt, duschst und Kaffee trinkst. (Für Buchmarketing braucht man eine Menge Energie; ich empfehle so viel Kaffee wie möglich.)

Ich habe eine kurze, aber effektive Challenge erarbeitet, mit der du dein Buchmarketing mit vollem Schwung angehen kannst.

Statt einfach nur dieses Buch zu Ende zu lesen und ihm auf Goodreads eine gute Rezension zu hinterlassen (bitte und danke!), während du dir immer wieder vornimmst, einen Buch-MAP zu erstellen, solltest du diese fünf Dinge tun:

1. Finde einen Partner, jemanden, der gerade genau am gleichen Punkt ist wie du – vielleicht sogar einen Autor, der ein Buch zu einem ähnlichen Thema geschrieben hat. Überzeuge ihn, dass Buchmarketing das neue heiße Ding ist und dass er diese Challenge mit dir gemeinsam machen muss.

2. Lade deine Buchboni herunter und druck sie aus.

3. *Füll sie aus.* Nimm dir maximal eine Woche Zeit dafür, sie auszufüllen. Schreib hier das Datum von heute hin: ______________. Dann schreib hierhin das Datum von heute in einer Woche: ______________. Tausch deinen MAP mit dem deines Partners aus, dann lest sie durch, redet darüber, passt sie an und macht euch bereit.

4. Schreib die Ziele aus deinem MAP auf eine Karteikarte und kleb sie im Bad an den Spiegel, sodass du sie jeden Morgen siehst.

5. Schreib deine Buchmarketingaktivitäten für die nächsten 90 Tage in deinen Kalender.

Und was passiert dann? Ich wusste, dass du das fragen würdest – du bist wirklich sehr schlau! Was dann passiert, ist wieder ein Hattrick der Großartigkeit.

1. Du wirst dir sicher sein, dass du alles dafür tun wirst, dass dein Buch ein Erfolg wird, wenn auch nur die geringste Chance darauf besteht.

2. Du wirst erst 250 Exemplare verkaufen, dann 500, dann 1.000 und mehr, und dadurch auf wundersame und fast magische Weise mehr Geschäfte generieren. (Ich weiß aus zuverlässiger Quelle: Vorbereitung + Gelegenheit + Aktion = großartige Ergebnisse!)

3. Du wirst rückblickend feststellen, dass es eine der 10 besten Entscheidungen deines Lebens war, ein Buch zu veröffentlichen. *Dann wirst du die Versuchung spüren, noch eins zu schreiben* – und ich sage: „Mach es!"

Lass dieses Buch das Buch sein, das dir geholfen hat, dein eigenes Buch zu positionieren, mit Menschen in Kontakt zu kommen, die du sonst nie kennengelernt hättest, und von Leuten engagiert zu werden, an denen deine ganze Magie vorübergegangen wäre, wenn sie dein Buch nicht gelesen hätten.

Worauf wartest du noch? Packen wir's an!

Nachwort

Danke, dass du dieses Buch gelesen hast! Ich musste es schreiben, weil ich – fast täglich – Autoren treffe, die ein Buch geschrieben haben, aber unzufrieden mit den Früchten ihrer Arbeit sind.

Das Buch hat sich nicht gut verkauft. Es hat keine neuen Geschäfte erschlossen. Es führte nicht zu weiteren Büchern, neuen Kunden oder riesigen Tantiemen. Das liegt aber nicht am Buch selbst; eigentlich ist niemand so richtig schuld daran. Es gibt – gab – nur eine Informationslücke.

Ich habe dieses Buch auch deshalb geschrieben, weil ich Bücher, Autoren und Leser liebe, und weil ich sie viel öfter zusammenbringen will.

Früher glaubte ich fälschlicherweise, nur traditionell veröffentlichte Autoren hätten ein Recht darauf, ihre Bücher zu verkaufen, Geld damit zu verdienen und bekannt zu werden. Als Autorin im Selbstverlag dachte ich, ich sei dessen unwürdig.

Trotzdem kamen mir immer wieder Ideen für Bücher und inspirierten mich. Also veröffentlichte ich weiter meine Bücher.

Fast zwei Jahrzehnte und Dutzende von Büchern später bin ich jetzt hier. Ich hoffe, ich kann ein Leuchtfeuer für alle sein, die sich ebenfalls unwürdig fühlen. Ich möchte, dass meine ermutigenden

Worte eine Lampe darstellen, die den Weg zur Inspiration und zur Selbstsicherheit erleuchten.

Ich möchte, dass ihre Bücher – deine Bücher – ein durchschlagender Erfolg werden.

Das Jahr, in dem ich dieses Buch geschrieben habe, war für mich persönlich sehr schwer. Ich gebe nicht allzu gern Privates in der Öffentlichkeit preis, deshalb möchte ich dazu nicht mehr sagen. Was aber wichtig ist, ist, dass das Schreiben mein Zufluchtsort ist, und dass ich dringend benötigten Trost darin gefunden habe, ermutigende Worte zu schreiben, die darüber hinaus auch noch mit einem Prozess zu tun hatten, von dem ich weiß, dass er funktioniert – auch für dich. Schön, dass du mit mir auf diese Reise gegangen bist.

Ich hoffe wirklich, dass dein Buch in die Hände derer findet, die es am dringendsten brauchen, und dass du durch dein Buch alle Vorzüge erhältst, die du dir vorstellen kannst.

Deshalb wünsche ich dir von ganzem Herzen fröhliches Buchmarketing.

Ein kleiner Gefallen

Hat dir dieses Buch gefallen?

Danke, dass du *Du MUSST dein Buch vermarkten* gelesen hast. Darf ich dich um einen kleinen Gefallen bitten?

Könntest du dir bitte einen kurzen Moment Zeit nehmen und eine ehrliche Rezension auf Amazon, Goodreads oder dort, wo du das Buch gekauft hast, zu hinterlassen? Rezensionen sind die beste Methode, dafür zu sorgen, dass andere dieses Buch entdecken.

Vielen Dank im Voraus!

Über die Autorin

Honorée Corder ist eine erfolgreiche Geschäftsfrau mit mehr als einem Dutzend sechs- und siebenstelligen Einkommensströmen.

Sie ist ausführender und strategischer Buchcoach, TEDx-Vortragende und die Autorin von über 50 Büchern (darunter auch *Du MUSST ein Buch schreiben*), von denen weltweit bisher über vier Millionen Exemplare verkauft wurden.

Honorée arbeitet leidenschaftlich gern als Mentorin für angehende Imperiumserschaffer und hilft ihnen durch ihr Coaching, Bücher zu schreiben, zu veröffentlichen und zu monetarisieren, sich eine Plattform zu bauen und zusätzliche Einkommensquellen zu erschließen.

Mehr über sie erfährst du auf www.HonoreeCorder.com.

Kontakt

Honorée Enterprises Publishing, LLC

Mail: Honoree@HonoreeCorder.com

Homepage: www.HonoreeCorder.com

www.linkedin.com/in/honoree/

Twitter: @Honoree

Instagram: @empirebuilderusa

Facebook: www.facebook.com/Honoree

Dank

Für meinen Ehemann, Partner und besten Freund, Byron. Alles, was ich mache, ist für dich, und alles, was ich tun kann, entspringt deiner Liebe und Unterstützung (und deinem Rinderbraten). Ich liebe dich!

Für meine beste Freundin, Renee. Es ist ein Segen, eine Freundin zu haben, die für einen da ist, was auch immer geschieht.

Für mein Team: Karen Hunsanger, Catherine Turner, Brian Meeks, Rob Strasser und Dino Marino – ihr seid die Besten! Um ein Buch zum Leben zu erwecken, braucht man ein Team, und ihr seid meines. Ich schätze euch mehr, als ich mit Worten ausdrücken kann.

Für die Mitglieder meiner *Empire-Builders*-Mastermind-Gruppe, die aktuellen und die ehemaligen: Ihr seid großartig und ich weiß jeden einzelnen von euch zu schätzen. Danke für alles!

Und für meine Leser – danke fürs Lesen! Ich hoffe, eure Bücher werden ein Erfolg, wie ihr ihn euch nicht einmal in euren wildesten Träumen ausmalt (und dass ihr mir dann eine E-Mail schickt und mir davon erzählt)!

Kurse

Hier erhältst du eine umfassende Ausbildung, ein Buch zu veröffentlichen, zu vermarkten und zu monetarisieren.

Mehr dazu findest du auf www.HonoreeCorder.com/courses

Wenn du Unterstützung durch Kollegen oder Mentoren suchst, während du dein Verlagesimperium aufbaust, schau doch mal bei der *Empire-Builders*-Mastermindgruppe vorbei.

Hier erfährst du mehr: www.HonoreeCorder.com/empire

Bücher von Honorée Corder

Die Buchreihe *Like a Boss:*

Write Like a Boss: From a Whisper to a Roar

Publish Like a Boss: From Mind to Market

Market Like a Boss: From Book to Blockbuster

Die Buchreihe *The You Must Book Business:*

You Must Write a Book. Boost Your Brand, Get More Business, and Become the Go-to Expert

I Must Write My Book: The Companion Workbook to You Must Write a Book

You Must Market Your Book: Increase Your Impact, Sell More Books, and Make More Money

I Must Market My Book: The Companion Workbook to You Must Market Your Book

Die Buchreihe The Prosperous Writer:

Prosperity for Writers: A Writer's Guide to Creating Abundance

Prosperity for Writer's Productivity Journal

The Nifty 15: Write Your Book in Just 15 Minutes a Day!

The Prosperous Writer's Guide to Making More Money:Habits, Tactics, and Strategies for Making a Living as a Writer

The Prosperous Writer's Guide to Finding Readers: Build Your Author Brand, Raise Your Profile and Find Readers to Delight

The Bestselling Book Formula: Write a Book that Will Make You a Fortune

Write Your First Nonfiction Book: A Primer for Aspiring Authors

Business Dating: Applying Relationship Rules in Business for Ultimate Success

Tall Order!: Organize Your Life and Double Your Success in Half the Time

Vision to Reality: How Short Term Massive Action Equals Long Term Maximum Results

The Divorced Phoenix: Rising from the Ashes of a Broken Marriage

If Divorce is a Game, These are the Rules: 8 Rules for Thriving Before, During and After Divorce

Die Buchreihe *The Successful Single Mom*

Die Buchreihe *The Miracle Morning*

Mehr Infos: www.honoreecorder.com/books/

und

www.amazon.com/stores/Honoree-Corder/author/B005DO6BPQ

Hal Elrod, Steve Scott mit Honorée Corder:

Miracle Morning für Autoren
Dein Schreibritual für mehr Erfolg und höheres Einkommen

Aus dem amerikanischen Englisch von Christina Brombach
Geleitwort von Prof. Dr. Lothar Seiwert
ISBN 978-3-95904-070-9
2. Aufl., Edition Forsbach 2020

Brauchst du mehr Zeit zum Schreiben – ohne dafür die wichtigen Dinge zu opfern? Suchst du nach einer Methode, mit der du immer wieder neue, tolle Buchideen entdecken kannst? Wünschst du dir ein zuverlässiges Einkommen durch das Schreiben, oder möchtest du deine bestehenden Einkünfte verbessern?

Dann solltest du *Miracle Morning für Autoren* lesen. In diesem Buch verbinden sich Hal Elrods weltweit erfolgreiches Morgenritual mit Steve Scotts bewährter Schreibgewohnheitstechnik.

Das erwartet dich in *Miracle Morning für Autoren*:

- Eine erprobte Strategie, mit der du Zeit zum Schreiben findest.
- Unsere Methode, mit der du jede Menge Bücher verkaufst.
- Steves Lieblings-App, mit der du deine großartigen Ideen festhalten und für das nächste Buch recherchieren kannst.
- Hals Strategie, mit Gedanken umzugehen, die dich einschränken und am Erfolg hindern.
- Den „Flow“ und eine Anleitung, wie du Schreibblockaden für immer aus dem Weg räumst.

***Der Miracle Morning für Autoren* ist dein Schlüssel zu einem neuen Schreibritual, mit dem du dein Einkommen erhöhen und größeren Eindruck auf die Welt machen kannst.**

Honorée Corder:

Du MUSST ein Buch schreiben
Stärke deine Marke, erhalte mehr Aufträge und werde Experte

Übersetzt von Jana Lobe
Geleitwort von Prof. Dr. Lothar Seiwert
Vorwort von Hal Elrod
ISBN 978-3-95904-233-8
Edition Forsbach 2023

Das optimale Mittel für jeden Unternehmer, der sein Business aufbauen, fördern und weiterentwickeln will

Ein Buch, das deinen Namen auf dem Cover trägt, ist das bedeutendste und beste Marketinginstrument, über das du jemals verfügen wirst.

Ansehen und Glaubwürdigkeit – Nichts verschafft dir schneller und nachhaltiger Geltung, so dass du leichter Investoren, Klienten und Kunden für dich gewinnen kannst.

Markenbekanntheit – Nichts erhöht den Wiedererkennungswert deines Namens und deiner Marke wirkungsvoller. So erzielst du eine größere Reichweite, ohne dass zusätzliche Kosten für dich anfallen.

Die ultimative Visitenkarte – Es ist in uns angelegt, an Büchern festzuhalten, sie zu bewahren, sorgfältig mit ihnen umzugehen und sie mit anderen zu teilen. Wann hat das jemand zum letzten Mal mit deiner Visitenkarte getan?

Du MUSST ein Buch schreiben gibt eine Einführung in diese Zusammenhänge und geht noch weiter – es zeigt dir nicht nur, wie ein Buch dir dabei hilft, dein Unternehmen und deine Marke auf- und auszubauen; du erfährst auch, wie du deine Ideen zu Papier bringen kannst.